KB117888

듣고 싶은 말을 했더니
잘 풀리기 시작했다

Original Japanese title:
TATTA HITOKOTODE JINSEI GA KAWARU HOMEKOTOBA NO MAHOU
By Kunio Hara
Copyright © 2016 Kunio Hara
Original Japanese edition published by Ascom, Inc.
Korean translation rights arranged with Ascom, Inc.
through The English Agency (Japan) Ltd. and Danny Hong Agency

듣고 싶은 말을 했더니
잘 풀리기 시작했다

하라 구니오 지음

장은주 옮김

유영

❝❝

시작하는 글

사람은 '말'이 이끄는 대로 살아간다

《듣고 싶은 말을 했더니 잘 풀리기 시작했다》는 한마디의 칭찬을 통해 인생을 극적으로 바꾸는, 인생에 기적을 일으키는 방법에 대해 쓴 책입니다. 저는 그동안 말 한마디 덕분에 인생이 몰라보게 바뀐 수많은 사람을 만나왔습니다. 이를테면, 다음과 같은 분들이죠.

- 8년 동안이나 소원했던 아들 부부와 화해했다. 죽어도 여한이 없다.
- 사이가 좋지 않던 아버지와 세상에 둘도 없는 부자지간이 되었다.

- 늘 싸늘했던 남편이 마음을 열었다. 이제 서
  로 의지하며 지내게 되었다.
- 사춘기였던 중2 딸이 최근 들어 고민을 털어
  놓기 시작했다.
- 놀기 좋아하는 고1 아들이 스스로 공부에 몰
  두하게 되었다.

이처럼 한마디 말이 일으킨 기적은 헤아릴 수 없이 많
습니다.

저는 부부, 부모, 자녀, 친구, 직장 동료 등 다양한 인
간관계를 긍정적으로 만드는 말의 힘을 가르치는 사람
입니다. 그동안 전 세계를 돌며 100만 명 이상에게 칭찬
의 중요성을 알리면서 어딜 가든 늘 예상을 뛰어넘는 사
람들의 반향에 진심으로 감동했습니다.

—— 단 한마디로 사람을 바꿀 수 있다

마냥 듣기 좋은 말을 한다고 좋은 것은 아닙니다. 단 한
마디를 해도 상대의 마음에 와닿는 말을 해야 합니다.

예를 하나 들어보겠습니다. 아이가 시험에서 100점을

받아오면 보통 "와, 100점이야! 정말 잘했어"라고 칭찬하죠. 하지만 사실 이런 말은 좋은 칭찬이 아닙니다. 그렇다면 어떤 말을 해야 할까요?

- "그때 게임하고 싶은 걸 참고 공부하더니 100점을 받았구나."
- "평소보다 일찍 일어나서 공부하더니 좋은 성적을 얻었네!"
- "그때 정말 놀고 싶었을 텐데, 정말 기특해!"

이렇게 구체적인 포인트를 짚어서 말을 해야 아이의 마음에 확실히 닿을 수 있습니다. 상대가 열심히 했던 당시의 기억을 떠올릴 수 있도록 날짜를 넣는 등 가능한 한 자세하게 언급해주는 것이 좋습니다.

결과가 아닌 아이의 행동이나 노력 같은 본질을 칭찬하는 것이 중요합니다. 시험에서 100점을 받은 것은 분명 대단한 일이죠. 하지만 만약 다음 시험에서 80점을 받는다면 어떨까요? 똑같이 노력하더라도 성적이 좋을 때가 있는가 하면, 생각만큼 성적이 나오지 않을 때도 있습니다. 아이의 성적이 좋지 않다면 칭찬할 필요가 없을까요?

절대 그렇지 않습니다. 열심히 노력한 과정을 짚어주는 것이 중요합니다. 인생은 소소한 노력과 소소한 결단이 쌓이고 쌓여 이루어집니다. 100점을 받았다는 사실보다 100점을 받기 위해 노력한 행동이 더욱 중요하죠. 그러한 자세는 어른이나 아이 할 것 없이 제대로 칭찬받아 마땅합니다.

시험 점수만 칭찬한다면 아이의 가치를 진심으로 인정했다고 할 수 없습니다. 어떤 사람이든 자신의 본질을 인정받고 싶어 합니다. 외양이나 성적 같은 표면적인 것이 아니라 한결같은 성실함, 노력하는 자세 등을 높이 사는 것이 그 사람의 본질을 긍정하는 일이죠. 누군가에게 칭찬을 받은 사람의 인생이 바뀌는 이유는, 칭찬이 그 사람의 삶의 방식과 본질을 긍정하기 때문입니다.

—— 당신을 바꾸는 것은 당신 자신이다

칭찬은 칭찬받은 사람만 바꾸는 것이 아니라 칭찬한 사

람도 바뀝니다. 여기서 한 남성의 에피소드를 소개해보려 합니다.

S씨는 학교에서 괴롭힘을 당하고 집안 사정으로 부모님과 헤어져 사는 등 순탄치 않은 어린 시절을 보냈습니다. 그 결과, S씨의 생활은 엉망이 되었습니다. 불량 클럽에 들어갔고, 도박으로 날밤을 새웠습니다. 그 후 결혼도 하고 두 아이의 아버지가 되었지만, 가정을 제대로 돌보지 않아 결국 이혼하게 되었죠.

제가 S씨를 처음 만났을 때, 그의 상황은 말 그대로 속수무책이었습니다. 함께 사는 아들과의 관계도 냉랭했습니다.

'나도 바뀌고 싶다. 지금 상황에서 벗어나고 싶다.'

S씨는 그 일념으로 저를 찾아왔던 거죠.

저는 S씨에게 평범한 일상에서 깨달은 다양한 '감사'의 메시지를 카드에 적어 아들에게 건네주라고 조언했습니다.

- "빨래를 정리해줘서 고마워."
- "욕조에 물을 받아줘서 고마워."

예를 들면 이런 것이었습니다. S씨는 지금껏 아들에게 고마운 마음을 전한 적이 없었습니다. 늘 아들이 해주는 게 당연하다고 생각했죠. S씨는 갑자기 카드를 건네면 아들이 놀랄 것이라 생각했지만 용기를 내서 아들에게 자신의 마음을 담은 카드를 내밀었습니다.

"어, 이게 뭐지?"

아들은 카드를 제대로 보지도 않고 휴지통에 던져버렸습니다.

저는 S씨에게 이렇게 말했습니다.

"포기하지 마세요. 고마운 마음을 카드에 담아 두 번, 세 번 계속해서 아들에게 전하세요. 아들은 지금까지 아버지에게 칭찬받은 적이 없어서 어떻게 해야 할지 몰라 망설이고 있을 수도 있어요."

아들은 S씨의 두 번째 카드를 아무 말 없이 받아들었습니다. S씨는 조금 나아졌다고 생각하며 세 번째 카드

칭찬은 칭찬받는 사람뿐만 아니라
하는 사람에게도 변화를 불러온다.

를 아들에게 전했습니다. 그러자 어떻게 되었을까요? 아들이 S씨에게 '아버지, 밥이라도 먹으러 가요'라는 내용의 문자 메시지를 보냈습니다. 이후 오랜만에 부자가 함께 식사하는 자리에서 아들은 이렇게 말했습니다.

"아버지가 그렇게 생각하고 계신 줄 몰랐어요. 아버지, 정말 고마워요."

아들의 말에 S씨는 하염없이 눈물을 흘렸습니다.

그 후 S씨는 자연스럽게 아들을 칭찬하게 되었고, 그와 더불어 부자 관계는 나날이 돈독해졌습니다. 그리고 S씨 자신도 아들에게 감사의 말을 들은 것을 계기로 자신의 인생을 긍정적으로 바라보게 되었습니다. S씨는 오랫동안 연락이 끊겼던 부모님과도 다시 만나 지금은 따뜻한 가족애를 느끼며 화기애애하게 살아가고 있습니다.

—— 모든 사람이 칭찬의 말로 채워진다면

저는 S씨의 에피소드를 통해 한마디의 말이 인생을 바꿀 수 있다는 생각이 다시금 확고해졌습니다. 그만큼 말의 힘은 위대합니다. 칭찬의 말은 상대방만을 긍정하는 것이 아닙니다. 말을 하는 사람의 마음도 채워줍니다. 게다가 상대방이 자신에게 그 말을 되돌려줍니다. 이런 긍정적인 환경이 일상 속에 자연스럽게 자리잡으면서 말의 마법은 사람들 사이에 퍼져 나갑니다.

누군가를 칭찬한다는 게 처음에는 조금 쑥스러울 수도 있습니다. 하지만 칭찬은 상대의 행복이나 성장으로만 이어지는 게 아니라 자신의 인생에도 행복을 불러들입니다. 이것이야말로 인생의 선순환을 불러오는 마법 같은 말의 힘이 아닐까요.

한마디 말은 가정이나 지역, 직장에서의 인간관계를 긍정적으로 만드는 데만 머물지 않고 사회 전체를 바꾸는 힘까지 지니고 있습니다.

택시나 버스를 탔을 때를 상상해볼까요. 버스 기사가 제시간에 맞춰 운행해 목적지에 정확한 시간에 도착했을 때 버스 기사에게 "고맙습니다" 혹은 "안전 운전하세요"라고 한마디 건넨다면 어떤 일이 일어날까요. 만일 버스 기사가 그 인사를 듣고 조금이나마 행복한 기분이 들

상대방에게 기분 좋은 한마디를 건넬 때,
행복의 선순환이 시작된다.

었다면요?

편의점에서도 칭찬의 말을 건넬 수 있습니다. 상품을 계산하고 영수증을 받으며 점원에게 "고맙습니다"라고 말한다면 어떤 일이 일어날까요. 갑작스러운 말에 점원이 깜짝 놀랄 수도 있지만 기분 좋은 미소로 답하지 않을까요.

단 한마디 말에서 작은 행복이 생겨납니다. 그 작은 행복의 고리는 계속해서 이어집니다. 당신의 칭찬이 주위 사람에게 차례차례 이어지면, 세상에는 분명 사람들의 미소가 점점 늘어날 것입니다.

저는 진심으로 '사람은 칭찬받기 위해 태어났다'고 생각합니다. 그리고 칭찬은 자신과 타인을 용서하는 데에서 시작됩니다.

이 책은 행복의 선순환을 만드는 말의 힘을 아낌없이 소개합니다. 그 전에 잠시 평소 말을 할 때 자신의 태도를 짚어볼 필요가 있습니다. 혹시 이런 마음을 가지고 있지는 않나요?

- '저 사람은 아무리 봐도 좋은 점이 없어.'
- '칭찬할 말을 도저히 찾을 수가 없어.'
- '따뜻한 말을 건네고 싶지만 너무 쑥스러워.'

다른 사람에게 다정한 말 한마디를 건네는 일이 어렵거나 쑥스럽게 느껴질 수 있습니다. 하지만 저는 당신이 사실은 누구보다 사람을 소중히 여긴다는 사실을 잘 알고 있습니다. 당신이 상대방과의 거리를 좁히는 말을 할 수 있도록 등을 살짝 밀어주는 게 지금 저의 역할입니다.

먼저 다른 사람의 입장에 서서 상대방에게 지금 필요한 말을 건넬 수 있어야 합니다. 그렇게 되면 당신의 인생과 주위 사람은 마치 마법에 걸린 듯 행복의 선순환으로 들어설 수 있을 것입니다.

다시 한 번 강조하지만 말의 힘은 위대합니다. 세계 곳곳의 수많은 사람을 만나며 최근 10년간 날마다 그 사실을 깨닫고 있습니다.

사람은 말이 이끄는 대로 살아갑니다. 당신 자신을 바

꾸고 싶다면, 그리고 누군가와의 관계를 바꾸고 싶다면, 좀 더 말의 힘을 믿어봅시다. 그리고 상대방에게 지금 필요한 말을 들려줄 수 있는 힘을 기릅시다. 그것만으로도 당신의 인생은 몰라보게 달라질 것입니다.

차례

66 **Chapter 4**

99 더 나은 나를 만나는 매일의 말 습관

Chapter 1

잘하고 있다는
말 한마디의 힘

가족의 마음을
하나로 모은 말

단 한마디 칭찬이 인생을 바꾸기도 한다. 쉽게 믿기 어렵겠지만 내가 알고 지내던 가족에게 일어났던 일이다. 대체 어떤 말이기에 인생까지 바꾼 것일까. 평소 사용하지 않고 고이 아껴둔 말이었을까. 아니면 영화나 드라마에 나오는 배우들의 멋진 대사였을까.

사실 그 말은 그리 대단한 말이 아니었다. 어쩌면 당신도 바로 얼마 전에 했던 말일지도 모른다.

"고맙습니다."

바로 이 한마디가 흩어졌던 한 가족을 하나로 만들었다.

78세가 된 K씨 부부에게는 말 못할 고민거리가 있었다. K씨 부부와 아들 내외 그리고 딸의 사이가 멀어지면서 완전히 등을 돌린 것이다. 유산 상속이 원인이었다. K씨 부부는 훗날을 생각해 집과 땅을 두 자녀에게 어떻게 배분할지 가족회의를 열었는데, 자녀들의 의견이 서로 갈리고 말았다.

딸이 말했다.

"오빠는 결혼해서 살고 있는 아파트도 있잖아. 그러니까 집과 땅은 내게 양보해."

아들이 순순히 양보할 리 만무했다.

"헛소리 집어치워! 당연히 장남인 내가 상속받아야지. 더구나 넌 혼자 사는데 이렇게 넓은 집이 왜 필요해?"

K씨 부부는 몹시 난처했다. 어릴 때는 뭐든 함께하던 사이좋은 남매였는데, 어른이 되어 돈 문제가 얽히니 볼썽사납게 싸우는 꼴이라니. 마음이 아파 어떻게든 자녀들을 중재하려 했지만 K씨 부부가 무슨 말만 하면 자녀들은 득달같이 달려들었다.

"왜 부모님은 쟤 편만 드는 거예요? 옛날부터 그랬어

요. 늘 쟤만 예뻐하고."

"아빠와 엄마는 아들만 중요해요? 내 기분은 안중에
도 없죠?"

둘은 한 발짝도 물러나지 않았다. 중재는커녕 결국 K씨
부부와 자녀들 사이까지 틀어졌다.

"왜 다들 자기 생각만 하니. 돈에만 집착하고. 우리가
너희를 잘못 키웠구나."

마침내 K씨 가족은 서로 등을 돌리고 말았다. 전에는
명절이면 꼭 찾아와 인사를 하던 아들과 딸이 발길을 딱
끊어버렸고, 걱정이 되어 문자 메시지를 보내도 답장조
차 오지 않았다. 그런 날들이 이어지자 K씨 부부는 '이
제 우리도 나이를 먹었고, 아이들과 화해하지 못하고
죽으면 천추의 한이 될 텐데'라는 생각이 들었다. 그렇
게 8년이라는 세월이 흘렀다.

그러던 어느 날, K씨 부부는 아들에게서 문자 메시지
를 받았다.

'잘 지내시죠? 오랫동안 연락드리지 못해 죄송합니
다. 쌀쌀한데 감기는 걸리지 않으셨어요? 이제 연세도

있으시니 예전보다 건강도 더 신경 쓰셔야 해요.'

갑작스러운 아들의 문자 메시지에 부부는 얼굴을 마주보았다. 눈물이 나올 만큼 기뻤다. 상속 문제로 뒤틀리고 꼬여버린 부모 자식 관계라고는 하나 역시 마음속으로는 화해하고 싶었던 것이다. 이 일을 계기로 아들과의 관계는 차츰 나아졌다.

그런데 아들은 왜 불쑥 부모에게 문자 메시지를 보냈던 것일까? 사실 아들과 나는 문자 메시지를 보내기 며칠 전에 한 모임에서 만났다. 당시 그는 가까운 사람들과의 인간관계로 고민하고 있었는데, 사람들과 잘 지내고 싶은데 뜻대로 되지 않는다며 내게 상담을 청했다.

나는 아들에게 말을 할 때 칭찬 한마디를 덧붙이는 방법을 조언했다. 아들은 내 조언을 실천하면서 주변 사람들과의 관계가 점점 좋아졌고 말의 중요성을 실감했다. 아들은 그 후 더 뿌리 깊은 고민을 내게 털어놓았는데 앞서 말한 부모님과의 관계 문제였다. 나는 아들에게 부모님에게도 꼭 칭찬의 말을 전하라고 권했다.

아들은 이렇게 대답했다.

"하지만 8년째 소식을 끊고 살아서 새삼 연락하기가

쑥스러워요."

"조금씩이라도 괜찮아요. 당신의 부모님도, 여동생도 화해하기를 바라고 있을 거예요. 안부 인사 정도도 괜찮으니 솔직한 마음을 전해보세요."

아들은 큰맘 먹고 부모님과 여동생에게 문자 메시지를 보냈다. 이 일을 계기로 엉켜 있던 실타래가 풀리듯 K씨 가족의 마음속 앙금도 스르르 풀렸다. 아들은 그때부터 적극적으로 가족들에게 문자 메시지를 보냈다.

- '날이 꽤 더워졌어요. 어머니는 더위를 많이 타시는데… 올여름도 건강하게 보내세요.'
- '다섯 살 된 아들이 유치원 재롱잔치에서 난쟁이 역할을 맡았어요. 솔직히 왕자 역할을 맡길 바랐는데. 저 아들 바보인가 봐요.'
- '예전에 아버지가 호수 공원에 자주 데리고 가주셨죠. 그때 어머니가 김밥도 싸주셨는데. 다음에 아들과 함께 가볼까 해요.'
- '어릴 때 온 가족이 함께 갔던 온천에 갈 예정이에요. 그때 머물렀던 방을 예약했어요.

일곱 살 때 제가 기둥에 흠집을 냈었는데, 아
직 그대로일까요?'

- 사진관에서 '딸아이 세 돌 사진을 받았어요.
예쁘죠? 벌써 시집보낼 일이 걱정이에요. 다
음에 데리고 갈게요.'

아들과 K씨 부부는 이런 내용의 문자 메시지를 계속
해서 주고받았다. 그러던 어느 날, K씨 부부는 아들에게
전화 한 통을 받았다.

"지금까지 여러 일이 있었지만, 아버지와 어머니에게
진심으로 감사하고 있어요. 상속 문제로 모진 말을 해서
정말 죄송해요. 제가 그때 왜 그랬을까요…. 지금은 부
모님이 계셔서 정말 다행이라고 생각해요. 낳아주시고
길러주셔서 감사합니다. 이번 설에 아이들과 함께 뵈러
갈게요."

K씨 부부는 뿌듯한 마음이 들었다. 지금까지 자식들
에게 낳아주고 길러주셔서 감사하다는 말을 들어본 적
이 없었기 때문이다. 마침내 딸에게도 만나고 싶다는 연
락이 왔다. 가족 모두 서로의 진심을 알게 되자 지금까

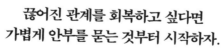

끊어진 관계를 회복하고 싶다면
가볍게 안부를 묻는 것부터 시작하자.

지의 분쟁은 봄눈 녹듯 말끔히 사라졌다.

다음 설에는 K씨 부부의 집에 온 가족이 모였다. 부부 둘만 남아 적막했던 집이 단번에 시끌벅적해졌다.

"낳아주시고 길러주셔서 감사합니다"라는 아들의 한마디 말을 계기로 멈춰 있던 K씨 가족의 시간이 다시 흘러가기 시작한 것이다. 그 한마디는 K씨 부부가 자식들에게 가장 듣고 싶었던 말이었다.

모든 사람에게는
인정 욕구가 있다

나는 세미나에서 참가자들에게 말의 힘을 실제로 느낄 수 있도록 서로를 칭찬하게 한다. 그러면 놀라운 일이 벌어진다. 자신을 인정해주고 긍정하는 말을 들으면 사람들이 눈물을 흘리기 시작하는 것이다. 뭐 그 정도로 눈물을 흘리느냐고 생각할 수도 있겠지만 정말이다. 이번에는 자신을 긍정하는 말의 힘을 실감한 전업주부 Y씨의 에피소드를 소개해보려 한다.

Y씨는 날마다 열심히 집안일을 해냈다. 매끼 식사 준비

는 물론이고, 청소, 세탁, 장보기까지 매일 할 일이 산더미였다. 그중에서도 아이들을 돌보는 것이 가장 힘들었다. 취학 전 연령의 어린아이는 특히 손이 많이 갔다. 하지만 남편에게 고맙다는 말 한마디 들어보지 못했다. Y씨는 남편도 회사에서 일을 하느라 힘들 테니 어쩔 수 없다고, 주부란 원래 그런 거라고 그러려니 하며 살아왔다.

Y씨는 우연한 기회로 세미나에 참가했다. 처음에 Y씨는 자신은 특별히 칭찬받을 만한 일을 한 게 없다며 난감해했다. 그런데 그녀의 말을 자세히 들어보니 주부로서 매일 집안일을 야무지게 해내고 있었다.

"당신이 하는 일은 당연한 일이 아니에요. 당신이 살림을 도맡아 하니 남편이 회사에서 마음 놓고 일하고, 아이들도 건강하게 쑥쑥 잘 자라고 있잖아요. 정말 열심히 잘하고 있어요. 당신은 훌륭하게 가족을 지탱하고 있어요."

내 말을 듣고 Y씨는 눈물을 흘렸다. 게다가 그 눈물은 쉽게 멈추지 않았다.

"아, 왜 눈물이 나는 걸까요?"

Y씨는 의아해했다. 하지만 나는 그 눈물의 의미를 알

고 있었다. Y씨는 스스로 깨닫지 못했지만, 사실은 누군
가에게 인정받고 싶었다. 가사와 육아로 하루하루가 전
쟁이었지만 Y씨는 그것이 그저 자신에게 주어진 역할
이라고 생각했고, 남편 역시 그것을 너무나 당연시했다.
남편은 Y씨의 노고를 조금도 알아주지 않았고, 알려고
도 하지 않았다. 그런데 누군가가 자신의 마음을 알아주
자 자기도 모르게 눈물이 난 것이다.

누군가에게 인정받는다는 건 자기도 모르게 눈물이
날 만큼 감정이 동요되고 감동할 만한 일이다. 생각해보
라. 당신은 최근 며칠 사이에 누군가에게 칭찬받은 일이
있는가? 나름 잘하고 있는데, 매일 열심히 하고 있는데
좀처럼 인정받을 기회가 없지는 않았는가? 그래서 단
한마디 말이 심금을 울리는 것이다.

나는 매일 많은 사람의 눈물을 목격한다. 좀처럼 인정
받지 못하고 자존감을 잃고 살아가는 사람이 그만큼 많
기 때문이 아닐까.
나는 매년 세계 각지를 여행하며 다양한 나라의 사람

들과 함께 교육과 행복한 삶에 관해 의견을 나눈다. 그 경험을 통해서 보면 행복을 찾는 데 서툰 사람들이 너무나 많다. 안전하고 편리한 데다 물질적으로도 풍요로운 나라에 살더라도 다른 사람과 비교해 자신을 불행하게 만드는 사람이 있다. 인간관계에서도 다른 사람의 부족한 면에만 너무 초점을 맞추다 보니 부정적인 말이 넘쳐난다. 사실 이것이 현대 사회를 불행하게 만드는 원인이 아닐까.

나는 우리 사회에 긍정의 말을 주고받는 문화를 뿌리내리게 하고 싶다. 다른 사람의 긍정적인 면에 초점을 맞춰 따뜻한 말을 나누고 관계를 맺으면, 삶에서 비록 어려운 일을 겪더라도 밝게 헤쳐 나갈 수 있는 태도가 길러진다. 그런 저력이 넘치는 사회가 되도록 말의 힘을 전하고 싶다.

세 가지 욕구를
채워주는 말

인정받고 싶어 하는 사람의 마음을 자극하는 말은 무엇일까. 바로 그 사람 자체를 긍정하는 칭찬의 말이다.

- "당신과 함께여서 행복해."
- "오늘 저녁 맛있었어."
- "항상 가족들을 잘 돌봐줘서 고마워."

이런 말을 들으면 '나는 가족에게 도움이 되는 사람이다', '나는 인정받고 있다'라는 생각을 하게 되어 자아존중감이 생긴다. 게다가 자신을 있는 그대로 긍정하는 칭찬의 말은 안식처를 만들어준다.

나는 '자아존중감(self-esteem)의 세 가지 욕구'를 중요하게 생각한다. 이는 미국의 심리학자 윌 슈츠 박사가 제창한 것으로, '자기중요감'과 '자기유능감', '자기호감'을 말한다. 이 세 가지 욕구는 평소에 주고받는 말에 조금만 신경을 써도 충족시킬 수 있다. 하나씩 분석해보자.

첫 번째 자기중요감은 소중한 존재로 대접받고 싶어하는 욕구로, "고맙다" 같은 말을 들었을 때 충족된다. 두 번째 자기유능감은 정확한 의사결정과 행동을 하고싶어 하는 욕구로, "대단해", "성장했어" 같은 말을 들었을 때 충족된다. 마지막 세 번째 자기호감은 타인에게 사랑받고 싶어 하는 욕구로, "좋아해", "관심 있어" 같은 말을 들었을 때 충족된다.

- 자기중요감 - "나는 중요한 사람이다"
- 자기유능감 - "나는 유능한 사람이다"
- 자기호감 - "나는 나 자신이 좋다"

상대방을 있는 그대로 긍정하는 말을 할 때,
3대 욕구가 채워진다.

예를 들어 "인사를 잘하네. 정말 예의가 바르구나!"라는 칭찬을 받은 아이의 마음속에는 자아존중감이 채워진다. 그뿐만이 아니다. 긍정적인 피드백을 받은 아이는 사람들에게 더욱 인정받고 싶다는 마음이 생기고 사고가 점점 긍정적인 방향으로 나아간다.

- '다음에는 더 씩씩하게 인사해야지.'
- '더 예의 바르게 행동해야지.'
- '저분에게도 인사하자.'

이처럼 긍정적인 사고는 긍정적인 행동의 변화를 이끌어낼 수 있다. 단 한마디 칭찬이라도 상대의 마음속에 자아존중감을 채워준다면 그 사람의 마음을 움직일 수 있다는 점을 기억하자.

인사치레가 아니라
디테일을 담는다

"와! 넥타이 멋져요."

당신은 이 말을 어떻게 생각하는가. '딱히 특별한 건 없는 것 같은데'라는 생각이 들지는 않는가. 내 생각에 이 말은 칭찬이 아니라 인사치례에 지나지 않는다. 앞서 설명했듯 상대의 본질을 긍정하는 말을 해야 마음을 움직일 수 있다. "넥타이 멋져요"라는 말을 살펴보면 넥타이에 대해서만 언급하고 있다. 게다가 이 말만 불쑥 던지면 예의상 억지로 한 말처럼 느껴져 오히려 상대방의 기분이 상할 수도 있다.

인사치레의 배후에는 '치켜세워주면 좋아하겠지'라고 상대를 얕보는 마음이 있다. 그 사실을 간파당하면 오히려 상대방과의 관계가 악화될 수 있기 때문에 주의해야 한다. 그래서 나는 이렇게 말한다.

"어제랑 다른 넥타이네요. 패션 센스가 좋으신 거 같아요. 언제 봐도 잘 어울리는 넥타이를 하고 계시네요."

이렇게 구체적인 디테일을 담아 칭찬하면 말 속에 그 사람의 진짜 모습이 드러난다. 넥타이를 신경 쓰는 사람은 상대에게 자신이 어떻게 비쳐질지를 항상 염두에 둔다. 그런 마음가짐이 넥타이 하나에도 고스란히 드러나는 것이다. 따라서 말을 들은 상대는 '아, 역시 나를 알아주는구나!' 하고 당신을 바라보는 눈이 달라질 것이다.

이처럼 별것 아닌 단 한마디를 계기로 인생은 긍정적으로 움직이기 시작한다. 무조건적인 칭찬이 아니라 디테일을 담은 한마디를 더하는 것이 중요하다. 어떻게 하면 그런 말을 할 수 있을까? 어렵게 생각할 필요는 없다. 누구나 할 수 있으니 마음 푹 놓기 바란다. 지금부터 그 포인트를 소개하겠다.

사람을 성장시키는 말의
네 가지 포인트

말에는 사람을 성장시키는 효과가 있다. 예를 들어, 아이를 키우는 어머니라면 계속해서 아이를 칭찬해주어 자신감을 느끼게 한다. 자신감이 커지면 커질수록 마음 깊은 곳에서 의욕이 솟아 공부는 물론 운동 등 다양한 분야에 적극적으로 몰두하게 된다. 단 이것저것 다 칭찬해서는 안 된다. 말로써 사람을 성장시킬 수 있는 칭찬의 네 가지 포인트와 네 가지 효과를 기억하도록 하자.

—— 포인트 1: 상대의 존재를 있는 그대로 인정한다

말로 성장시키려면 그 사람만의 특별한 장점을 찾아 칭
찬하고 발전시켜주어야 한다. 단 먼저 '태어난 자체만으
로, 이곳에 존재하는 자체만으로 소중하다'라는 사고방
식이 자리잡아야 한다. 사람은 칭찬받기 위해 태어난 존
재이다. 아직은 그 사람이 꿈이나 희망, 자기 나름의 목
표를 갖지 못했더라도 언젠가 찾게 될 테니 따뜻하고 긴
안목으로 지켜봐주자.

—— 포인트 2: 자신의 날개로 날갯짓하게 한다

사람은 겉으로는 비슷비슷해 보여도 속은 확연히 다르다.
예를 들어 다른 누군가에게 큰 날개가 있다 해서 자신의
아이에게도 같은 크기의 날개가 있는 것은 아니다. 아이
가 가진 날개를 찾아 날갯짓할 수 있도록 키워주는 것이
중요하다. 시간이 많이 걸리더라도 언젠가는 아이가 반드
시 자신의 날개로 날아갈 것이라 믿고 칭찬해주자.

—— 포인트 3: 상대방에게 적합한 칭찬을 한다

같은 꽃이라도 아무 생각 없이 그냥 물을 줬을 때와 뿌

리까지 제대로 닿도록 물을 줬을 때 자라는 상태가 달라진다. 이는 사람도 마찬가지다. 사람은 개인마다 특별한 장점을 가지고 있다. 그 장점을 키워주려면 칭찬이라는 물을 줘야 한다. 잘 자라기를 간절히 바라며 애정을 듬뿍 담아 물을 주고 늘 지켜보아야 한다. 또 물을 많이 주면 썩어버리는 화초가 있는가 하면, 물을 충분히 주지 않으면 말라버리는 화초가 있다. 즉 상대방에 대해 알아야 한다. 그 사람이 잘 커나갈 수 있는 물의 양과 타이밍을 측정해야 한다.

── 포인트 4: 무조건 칭찬만 해서는 안 된다

칭찬이 지나치면 거만해질 수 있다. 따라서 때로는 방향 수정도 필요하다. 상대방이 좋지 않은 방향으로 나아간다면 따끔하게 혼낼 필요가 있다. 단 혼낼 때는 감정이 격하지 않은 상태여야 하고, 애정을 갖고 감싸주어야 하며, 자신에게 화를 내는 것이 아니라 성장 방향을 수정해준다는 이미지를 갖게 하는 것이 중요하다. 절대 상대방의 싹을 도려내려고 해서는 안 된다.

　　칭찬의 네 가지 포인트를 파악하면, 지금부터 설명할 네 가지 효과는 저절로 나타난다.

—— 효과1: 놀라울 정도로 빠르게 성장한다

이는 말로 사람을 성장시키는 방법의 최대 매력일지도 모른다. 칭찬을 받고 자신감을 갖게 되면 정말이지 놀라울 정도로 빠르게 성장한다. 나뿐 아니라 칭찬을 강조해 온 많은 사람이 실감하는 부분이다.

—— 효과2: 표정의 변화가 보인다

칭찬을 받은 사람은 할 수 있다는 자신감을 느낀다. 또한 주위 사람들로부터 무언가를 잘한다고 인정받으면 그때까지와는 다른 특별한 미소가 얼굴에 떠오른다. 행동도 점차 바뀌어 일의 성과도 바뀌는 선순환이 일어난다.

—— 효과3: 자신의 기분을 자연스럽게 표현한다

우리 사회에서는 겸손이 미덕이다. 외국과 비교했을 때 우리는 자신의 의견을 강하게 내세우지 않는 경향이 있다. 절대 이것이 나쁘다는 말은 아니다. 우리 사회에 뿌리내린 멋진 문화 중 하나라고 생각한다. 하지만 겸손과 사양은 다르다. 자신의 의견을 제대로 제시하고 자신의 기분을 말로 표현하는 것은 살아가는 데 매우 중요하다. 칭찬을 받고 자신감이 커지면 자신의 기분을 솔직하게 표현하는 사람으로 성장한다.

—— 효과4: 자신을 다스린다

사람이라면 누구나 장점은 물론 단점도 가지고 있다. 많은 사람이 단점은 별로 드러내고 싶어 하지 않는다. 스스로 덮개를 씌우고 애써 외면하거나 감추려 한다. 하지만 자신을 인정해주는 말을 계기로 자신감을 느낀 사람은 자주적으로 자신을 개선하려 한다. 주위 사람들로부터 칭찬받기 위해서라도 자신을 다스려 단점을 개선하기 위해 노력한다.

뇌 과학으로 증명된
칭찬의 효과

칭찬의 효과는 과학적으로도 입증되었다. 일본 국립 생리학 연구소 사다토 노리히로 교수는 '칭찬받은 사람은 배운 것을 잘 잊어버리지 않는다'라는 연구 결과를 발표했다. 이에 대한 내용은 〈보도 스테이션〉이라는 프로그램에 소개되어 큰 반향을 일으켰다. 나도 이 프로그램에 출연했는데, 연구 내용을 듣고 진행자와 나는 칭찬의 효과에 새삼 놀라지 않을 수 없었다.

연구 내용은 다음과 같다.

사다토 교수는 오른손잡이 성인 남녀 48명을 16명씩 세 그룹으로 나누어 왼손으로 키보드를 빠르고 정확하게 입력하는 실험을 진행했다.

- 첫 번째 그룹: 결과에 상관없이 한껏 칭찬해 준다.
- 두 번째 그룹: 다른 사람이 칭찬받는 영상을 보여준다.
- 세 번째 그룹: 자신의 성적이 나타난 그래프 를 보여준다.

그리고 다음 날에도 전날과 똑같이 입력 작업을 하게 했다. 그러자 한껏 칭찬을 받은 그룹은 다른 그룹과 비교해 입력 속도가 빠르고 정확했다. 이에 대해 사다토 교수는 다음과 같이 말했다.

"뇌에 있어 칭찬은 금전적 보수에 필적하는 사회적 보수다."

칭찬받은 사람은 행복을 느낀다. 즉 사람은 자신을 긍정해주는 말을 통해 성장할 수 있다는 사실이 과학적으로 입증된 셈이다.

　최근에는 칭찬을 받으면 아름다워진다는 사실도 뇌과학적으로 설명할 수 있게 되었다. 칭찬받으면 건강해지고 기분이 긍정적으로 변화되는 현상은 뇌의 '보수계'라 불리는 부위가 활성화되면서 일어난다. 이 보수계가 활성화되면 스트레스 호르몬이 줄어 활동적인 생활을 하게 된다.

　또한 칭찬을 받으면 에스트로겐이라는 여성 호르몬이 많이 분비되어 피부에서 윤이 난다. 항상 주목받는 여배우가 활력 넘치는 아름다움을 발휘하는 것은 주위의 칭찬 덕분이 아닐까. 이처럼 칭찬의 눈부신 학습 효과와 더불어 아름다움을 얻는 효과까지 주목받고 있다.

평범한 사람도
큰 사람으로 만드는 말

유명한 인물 중에 칭찬을 받으며 자란 사람이 많다. 대
표적인 인물이 바로 토머스 에디슨이다. 초등학교에 입
학한 에디슨은 선생님에게 엉뚱한 질문을 했다는 이유
로 3개월 만에 퇴학을 당했다. 하지만 어머니는 아들에
게 칭찬을 아끼지 않았다.

에디슨이 과학에 특출한 재능이 있다는 사실을 알아
차린 어머니는 "넌 과학 천재야. 분명 훌륭한 사람이 될
거야!"라고 말하며 계속 아들을 격려해주었다. 에디슨
은 어머니의 말씀을 가슴에 새기고 끊임없이 노력했고,

결국 발명왕 자리에 올랐다.

운동선수 중에도 칭찬을 받으며 자란 천재가 있다. 메이저리그에서 활동했던 마쓰이 히데키가 그 주인공이다. 그의 아버지는 칭찬의 중요성을 매우 잘 알고 있었다. 아이를 혼내는 것도 중요하지만 칭찬도 아끼지 않아야 한다고 생각해서 혼내야 할 일이 있을 때는 일단 칭찬할 점을 찾아 충분히 칭찬해준 뒤 혼을 냈다. 그러자 아들은 아버지에게 마음을 열고 아버지의 말을 진심으로 받아들이고 훌륭한 선수로 성장했다.

히데키는 선수로서만 일류가 아니다. 인품 또한 칭송이 자자하다. 그는 절대 다른 사람의 험담을 하지 않는다. "아버지와의 약속입니다"라는 그의 말을 통해 아버지의 교육이 얼마나 훌륭했는지 짐작할 수 있다. 아버지는 그가 프로 구단에 입단한 후에도 계속해서 격려의 메시지를 담은 편지를 보냈는데, 그 수가 200여 통에 이른다고 한다.

내가 좋아하는 피아니스트 쓰지이 노부유키도 칭찬

을 받으며 자란 사람 중 한 명이다. 스무 살에 '반 클라이번 콩쿠르'에서 우승한 그는 티켓 파워가 가장 강력한 피아니스트 중 한 명이다.

시각 장애인인 그의 곁에는 늘 어머니가 함께했다. 어머니는 그가 음악적 재능이 있다는 사실을 알아차리고 피아노를 배우게 했다. 어머니는 아들에게 권위적으로 이야기하지 않으려고 늘 심혈을 기울였다.

"세상에! 어쩜 이렇게 어려운 곡을 칠 줄 알까?"

"이번 연주는 정말 감동적이었어."

"다음에는 이 곡을 듣고 싶어. 재미있게 연습해봐."

어머니는 그에게 칭찬을 아끼지 않았다. 실은 칭찬하여 키우려는 의도가 있었던 것이 아니라 그저 사랑스러운 아들의 팬으로서 그의 연주를 들을 수 있다는 것에 감사하는 마음이 컸다고 한다. 그가 장애를 가지고 있음에도 세계적인 피아니스트로 성장할 수 있었던 것은 어머니의 칭찬 교육법 덕분이 아닐까.

우주비행사 와카다 고이치 역시 칭찬으로 최고의 자리에 오른 사람이다. 그는 어릴 적에 비행기를 너무 좋아해서 입버릇처럼 "파일럿이 되고 싶다"라고 말했다. 원래 아이의 꿈은 수시로 바뀐다. 만일 부모가 고개를 저으며 아이의 꿈을 부정하면, 아이는 의욕을 잃게 된다. 그의 어머니는 무엇이 되든 열심히 하라고 격려해주며 아들의 왕성한 호기심을 끊임없이 칭찬해주었다.

"무엇을 할지는 커가면서 스스로 선택하면 된단다."

마침내 그는 항공기 엔지니어로 항공 회사에 입사했다. 그 후 우주비행사 공모에 응모해 수차례 우주 비행을 거친 뒤 아시아인 최초로 국제우주스테이션(ISS) 선장에 선발되었다. 어릴 적부터 그렸던 창공을 향한 꿈이 하늘 저편의 우주에서 활짝 꽃을 피운 것이다.

가끔은
지켜보는 것만으로도
충분하다

세상에는 칭찬하기 힘든 상대도 있다. 그중 하나가 사춘기 아이다. 말끝마다 꼬투리를 잡으면 자기 자식이라도 미운 법이다. 사춘기 딸을 둔 어머니 J씨는 직장을 다니면서 살뜰히 가족을 챙겼다. 그런데 딸이 중2가 되면서부터 J씨에게 심한 말을 퍼붓기 시작했다.

"엄마, 제발 잔소리 좀 그만해! 알았다니깐."

매일 이런 식으로 말다툼이 이어졌다. 사춘기 아이의 말이니 어쩔 수 없다고 생각하면서도 J씨의 마음은 맑은 날이 별로 없었다.

어느 날 J씨가 상담을 청했다. J씨의 이야기를 들은
나는 J씨가 딸에게 결론만 말하고 있다는 생각이 들었
다. J씨는 딸을 금쪽같이 보살폈다. 바쁜 와중에도 틈만
나면 딸을 챙겼다. 하지만 시간 여유가 없었기에 딸에게
하는 말은 지시 혹은 앞선 결론뿐이었다.

"내일은 ○○에 가야 하니까 □□를 준비해."

"그건 엄마가 해줄 테니까 넌 걱정하지 마."

딸은 엄마가 자신을 믿지 못하고, 인정하지 않는다고
느낄 것이 분명했다. 물론 미성년자는 부모의 보살핌이
필요하다. 하지만 심리적으로 자립하고 싶은 마음이 생
기는 시기이기도 하다. 부모가 일방적으로 이래라저래
라 하기보다는, 할 수 있는 일은 맡기고 지켜봐줄 필요
가 있다. 나는 J씨에게 이렇게 말했다.

"잠깐이라도 좋으니 딸을 지켜봐주세요. 지도하는 부
모의 관점에서 벗어나 딸이 한 일을 인정해주고 칭찬해
주세요."

J씨는 내 조언대로 딸을 조용히 관찰했다. 그러자 딸
의 장점들이 눈에 들어왔다. J씨는 딸의 모습을 있는 그
대로 칭찬해주었다.

"벌써 숙제를 끝낸 거야? 우리 딸 성실하네."

"친구를 그렇게 배려해주다니, 정말 착해."

이것은 절대 억지로 짜낸 말이 아니다. 칭찬을 하겠다는 전제를 두었기에 딸을 바라보는 J씨의 관점이 달라졌을 뿐이다. 관점이 달라지니 칭찬할 포인트가 눈에 들어왔다. 마침내 딸의 입에서도 이전과 다른 말들이 나오기 시작했다.

"엄마, 이거 어떻게 하면 돼?"

"엄마, 이것 좀 가르쳐주세요."

딸은 뭐든 다 해주는 엄마를 원한 게 아니었다.

자신을 있는 그대로 봐주지 않는 부모에게서 나온 말은 아무리 인생에 도움이 되더라도 차갑고 의미 없게 느껴질 뿐이다. J씨는 칭찬의 말로 딸에게 '너를 잘 지켜보고 있어. 안심해도 돼'라는 마음을 전할 수 있었다. 그리고 딸은 J씨의 자연스러운 칭찬을 있는 그대로 받아들였다. 아이와의 관계가 원만하지 못해 고민이라면, 먼저 잠시 지켜본 뒤 칭찬을 해보는 건 어떨까.

안식처를 만들어주는
칭찬 화법

상대의 의욕을 끌어내는 칭찬의 말이 있고, 의욕을 꺾는 칭찬의 말이 있다. 이를테면 '당근과 채찍'의 당근 같은 회유용 칭찬은 상대의 의욕을 꺾어버린다. 그렇다면 상대의 의욕을 일으키는 칭찬은 어떤 말일까. 바로 안식처를 만들어주는 칭찬이다.

"당신은 이 분야에서 정말 최고예요. 누구에게도 뒤지지 않아요."

"자네의 영업 실력은 단연 최고야. 모두가 본받을 만해."

그 사람의 성장, 그 사람만의 특별한 장점을 언급해주자. 그 말 자체가 상대에게는 안심하고 머물 수 있는 곳, 즉 안식처가 된다.

실패하더라도, 낙담하더라도 돌아가면 평온함을 느낄 수 있는 곳, '난 아직 버림받은 게 아니야'라고 자신에 대한 흔들림 없는 믿음을 느낄 수 있는 곳, 그런 안식처가 있다는 안도감은 말이 아닌 행동으로도 보여줄 수 있다.

나는 한 라면 브랜드 경영자의 의뢰를 받고 점장과 점원들에게 주기적으로 인생을 변화시키는 말의 노하우를 알려주기 위해 '사람은 칭찬으로 성장한다'라는 내용의 강의를 진행했다. 이번에는 강의를 통해 만난 한 점장의 인상적인 사례를 소개하려 한다.

아르바이트생의 접객 스킬과 의욕이 어느 날부터인가 갑자기 급상승했다. 나는 너무 신기해서 그녀에게 어떤 일이 있었는지 물어보았다. 그녀는 큰 실수를 계기로 자신이 확 달라졌다고 말했다. 대체 어떤 실수를 했기에 오히려 접객 스킬과 의욕이 높아진 것일까.

"실수로 라면 국물을 엎지른 적이 있어요. 너무 죄송한 마음에 점장님에게 그만두겠다고 말했거든요. 그랬더니 점장님이 저에게 문자 메시지를 보냈어요. '자주 있는 일이니 마음 쓰지 마. 내일 기다리고 있을게'라고요. 지금도 그 문자 메시지를 소중히 간직하고 있어요."

그녀는 마음을 고쳐먹고 다음 날에 출근했다. 그런데 휴무였던 점장이 기다리고 있었다.

"점장님, 쉬는 날 아니에요?"

"걱정이 돼서 나왔지. 어제 문자 메시지 보냈잖아. 내일 기다리고 있겠다고."

그녀는 점장의 말에 '아, 여기는 안전한 곳이구나. 내가 있을 곳은 여기야'라는 생각이 들었다고 한다. 나는 그녀가 급성장한 이유를 알 것 같았다. 안식처는 어떠한 스킬이나 노하우로 만들어지는 것이 아니다. 아무런 대가 없이, 편히 기댈 수 있는 안식처를 만들어주고자 하는 마음이 없다면 아무 의미가 없다.

사람을 성장시키는
말의 포인트

- 상대의 인정 욕구를 채워줄 수 있도록 그 사람만의 장점을 언급한다.
- 상대방과의 구체적인 에피소드를 가미해 관심을 드러낸다.
- 상대방을 있는 그대로 긍정해주는 말을 한다.
- 상대방에 대해 일방적으로 결론을 내려 말하지 않는다.
- 언제나 그 사람의 자리가 있음을 느끼게 한다.

Chapter 2

칭찬에도
디테일이 필요하다

상대방을
제대로 보고 있다는 신호

- 당신과 가까운 사람이 어떤 음식을 좋아하는
  지 알고 있는가?
- 친구가 어떤 커피를 즐겨 마시는지, 그 이유
  는 무엇인지 알고 있는가?

이 질문에 제대로 답할 수 있는 사람이 과연 얼마나
될까? 전혀 대답을 찾지 못하지는 않았는가. 이렇게나
가까운 사람에 대해 잘 모른다는 사실이 놀라울 수도 있
다. 그렇다면 반대 시점에서 생각해보자. 직장 동료가

당신이 즐겨 마시는 커피를 기억해준다면 어떨까. 내심 기쁘지 않을까. 평소에 즐겨 마시는 커피 브랜드를 기억하고 있다가 당신이 지쳐 있을 때 "자, 이거 마시고 해" 하며 커피를 쓱 내민다면 너무 고맙고 기뻐서 자기도 모르게 미소를 짓게 될 것이다.

상대가 좋아하는 음식, 좋아하는 노래, 최근에 좋았던 일이나 고민거리 같은 것들을 알아두는 것은 관계를 단단히 만들어나가는 과정에서 매우 중요하다. 자신에게 관심을 갖고 생각해주는 사람이 있다는 것은 무척 기쁘고 든든한 일이다. 상대가 여성이라면 "헤어스타일 바꿨어요?", "새로 한 네일 정말 잘 어울려요"라고 말을 건네는 것만으로도 자신을 지켜보고 있다는 생각에 마음이 채워진다. 남성이라도 "오늘 안색이 안 좋아 보여요. 어디 아프세요?"라는 말을 듣는다면 은근 기분이 좋을 것이다.

잘 지내고 싶은 상대를 제대로 보는 것 그리고 '제대로 보고 있어요', '제대로 생각하고 있어요'라고 신호를 보내는 것이 좋은 관계를 만들어나가는 첫걸음이다. 하지만 말이 쉽지 실제로는 실천하기 어렵다는 사실도 잘 알고 있다. 좀처럼 언급할 만한 포인트를 잡지 못하는 사람도 있을 것이고, 애초에 누군가를 지켜볼 여유 따위가 없는 사람도 있을 것이다. 그렇더라도 하루에 10초만 상대방을 떠올려보자.

사랑에 빠진 커플이 아닌 이상, 상대방이 어제 무슨 색 옷을 입고 있었는지, 헤어스타일이 어땠는지 잘 기억하지 못한다. 그냥 보았을 뿐, 제대로 관찰하지 않기 때문이다. 오랜 세월을 함께한 부부는 상대방의 얼굴을 지겨울 만큼 많이 봤다고 말하지만, 조금만 주의 깊게 살펴본다면 '아, 저런 표정도 짓는구나!', '그런 이야기에 관심을 보이다니. 의외인데?', '코 찡그리는 게 아버님이랑 똑같네' 하고 새로운 면이 눈에 들어온다.

먼저 가장 소중한 관계인 가족에게 시험해보면 어떨까? 조금만 관심을 가져보면 잘 안다고 생각했던 가족의 새로운 얼굴과 잊고 있던 부분이 계속해서 나타날 것이다. 이런 새로운 모습은 새삼 가족에 대한 흥미와 관심을 높여 가족애를 더 돈독하게 만들 수 있다.

상대방의 이야기를 잘 듣고 반응을 보여주면 대화가 전혀 예기치 않은 방향으로 진행되면서 화제의 폭도 넓어진다. 특히 서로 익숙한 관계라면 일부러 상대를 떠올릴 일이 없겠지만, 10초라도 좋으니 그 사람의 얼굴을 떠올려보자. 요 며칠 새 칭찬할 일이 있었던가.

- '그러고 보니 쓰레기 분리수거를 도와줬구나.'
- '내가 한 요리가 맛있다고 말해줬어.'

만일 상대가 남편이라면 이런 것들이 떠오를 수도 있다. 사소한 일에서도 칭찬할 포인트를 얼마든지 찾을 수 있으니 꼭 시도해보자.

말하기 전에 주어를
상대방으로 바꿔본다

상대를 조금 더 알게 되었다면, 그다음에는 상대방의 입장에서 생각해본다. 나는 이를 '상대축'이라고 부른다. 마음의 축을 자신에게서 상대방에게로 옮기는 이미지를 떠올려보자. 쉽게 설명하면, 주어를 '나'에서 '상대'로 바꾸는 것이다. 내가 어떻게 하고 싶은지가 아니라 상대가 무엇을 생각하는지, 무엇을 좋아하는지, 어떻게 하고 싶어 하는지를 생각하자.

　칭찬을 할 때는 상대가 정말 소중히 여기는 것을 자신도 소중히 한다는 인상을 말에 담는 것이 중요하다. 상

주어를 바꿔서
상대방에게 소중한 것이 무엇인지 생각해본다.

대를 배려하고 존중하면서 말을 하면 더 큰 효과를 볼수 있다. 요즘은 자신만을 소중히 여기고 상대를 소중히하는 일에는 관심을 두지 않는 경우가 많다.

상대가 소중히 하는 것이라면 좋고 싫음의 문제에서 벗어나 일단 자신도 소중히 해줘야 한다. 그것이 모든 관계의 시작이다. 그런 마음가짐으로 대화를 한다면 관계는 더 쉽게 풀릴 수 있다.

칭찬할 때 또 한 가지 유념할 것이 있다. 그것은 행동을 칭찬하는 것이다. 만일 매우 친절한 사람을 만났다면 뭐라고 말할까. 대부분의 사람은 이렇게 말하지 않을까.

"정말 친절하세요."

이 정도만으로도 괜찮다. 하지만 해야 할 일이 더 있다. 바로 구체적인 내용을 덧붙이는 것이다.

"사람을 이렇게 배려해주시다니, 정말 친절하세요."

이렇게 말하면 상대는 분명 더 기뻐하며 자신을 제대로 보고 제대로 평가해주는 사람이라는 생각을 갖게 될 것이다. 마음을 전하고 싶다면 행동을 칭찬하자. 이를테면 이런 식으로 말이다.

"아까 L씨가 부장님에게 혼날 때 용기 있게 나서서 L 씨가 잘못한 게 아니라 부장님이 착각하신 거라고 이야기해주어서 정말 고마워요. 팀원들도 모두 그렇게 생각해요. 덕분에 팀 분위기가 한결 좋아졌어요."

이렇게 구체적으로 전하는 것이 가장 좋다.

누구나 장점을 가지고 있고, 칭찬받고 싶어 한다. 상대의 장점을 찾았다면 그 점을 꼭 전하자.

"당신은 이렇게 멋진 사람이에요."

이 말에 감동하지 않을 사람은 없다. 행동을 칭찬하는 것은 상대가 그 행동에 이르기까지의 삶의 방식을 긍정하는 것이기 때문이다. 그러니 평소에 상대방을 잘 지켜보자. 그리고 그 사람의 장점이 눈에 들어오면 꼭 자신의 생각을 전해주자.

의욕을 끌어내는
'행동 칭찬'

"우리 직원들은 아무리 칭찬을 해줘도 열심히 하지 않아요."

이런 불평을 하는 사람이 꽤 많다. 그럴 때 나는 이렇게 되묻는다.

"정말로 그 사람을 보고 있나요? 제대로 관찰하고 행동을 칭찬하고 있나요?"

내가 라면 가게 점장으로 근무했을 때의 일이다. 직원한 사람 한 사람은 모두 유능했지만, 다들 의욕도 없고

동기부여도 없는 상태였다. 직원들끼리 마음도 전혀 맞지 않았고, 가게 매상도 그다지 좋지 않았다. 그런 곳에 내가 점장으로 부임한 것이다.

'어떻게 해야 하지? 이러다간 정말 큰일 나겠어.'

나는 고민에 고민을 거듭한 끝에 칭찬 미팅을 시작했다. 물론 지금만큼 경험과 지식을 가지고 있지 않은 상태였기 때문에 많은 시행착오를 겪었다. 내가 가장 먼저 한 일은 직원들이 무엇을 소중히 여기는지를 철저하게 관찰하고 세심하게 분석해 그들이 어떤 사람인지 파악하는 것이었다. 주의 깊게 관찰하니 직원들의 다양한 면모가 눈에 들어오기 시작했다.

이를테면, 늘 불평을 늘어놓았던 파트타임 직원 A씨는 알고 보니 매우 긍정적인 사람이었다. 사실 그녀는 가게의 문제점을 깨닫고 어떻게든 변화시키려 애쓰고 있었다. 그래서 나는 그녀의 이야기에 진지하게 귀를 기울였고, 때로는 의견을 받아들였다. 그녀는 가게에 애착이 많고 세심한 성격이라 금세 가게의 어머니 역할을 톡톡히 해냈다.

"단골손님에게 항상 싹싹하게 '고맙습니다'라고 말하는 모습이 정말 좋아 보여요."

"늘 눈을 마주치며 거스름돈을 건네주니까 손님들에게 좋은 인상을 주는 것 같아요. 정말 센스 있어요."

이렇게 행동 하나하나를 보고 확실하게 칭찬해야 한다. 충분한 시간을 들여 관찰하면 칭찬할 부분을 얼마든지 찾을 수 있어 칭찬하는 횟수가 늘어난다. 칭찬을 거듭할수록 자신을 제대로 지켜봐준다는 생각에 신뢰감이 높아진다. 이런 식으로 직원들의 행동을 구체적으로 칭찬했더니 가게 매상도 점점 올라갔다.

게다가 더 놀라운 결과가 기다리고 있었다. 음식점은 직원들이 들고나는 게 심하다. 이 라면 가게도 마찬가지로 직원들이 계속해서 그만둬서 항상 일손이 부족했다. 하지만 내가 점장으로 오고부터는 그만두는 사람이 거의 없어졌다. 손님 수가 늘어나도 직원 수를 늘리지 않았지만 가게는 잘 운영되었다. 오히려 직원들이 의욕적으로 일해 가게 분위기가 좋아졌고, 미소가 끊이지 않았다. 한 직원의 말이 지금도 잊히지 않는다.

"이제는 바쁜 게 즐거워요."

말 한마디로 직장 분위기가 바뀌고, 일하는 사람들의 자세까지 바뀐다. 행동을 칭찬하는 것은 직장에서는 물론, 남편에게 집안일을 함께하자고 할 때, 아이에게 공부를 시킬 때 등 다양한 상황에서 사람의 의욕을 끌어올리는 마법을 발휘한다.

행동을 구체적으로 칭찬하면
의욕을 끌어낼 수 있다.

요령 있게
혼내는 법

아이 문제로 상담을 요청한 분들에게 이런 질문을 자주
받는다.

"우리 아이는 도통 공부를 하지 않아요. 그래도 칭찬
해야 할까요?"

말을 듣지 않으면 당연히 혼내야 한다. 단 중요한 것
은 혼내는 순서를 알아두는 것이다. 무턱대고 혼낼 게
아니라 일단 칭찬한 다음에 혼내야 한다. 항상 상대를
인정하고 긍정하는 마음가짐이 중요하다. 서로 간에 신
뢰가 없으면 쉽게 와닿을 말도 와닿지 않는다. 무작정

혼내면 오히려 관계만 나빠질 뿐이다.

혼내는 것은 절대 나쁜 일이 아니다. 상황에 따라서는 반드시 필요하다. 하지만 이것만큼은 주의해야 한다. 상대방에 대한 애정 없이 혼내는 것은 아무런 의미가 없다. 특히 순간의 감정에 휩쓸려 화를 내서는 절대 안 된다. 여러분도 신뢰하지 않는 사람에게 혼나고 반발심이 생겼던 경험이 분명 있을 것이다. 하지만 칭찬한 다음에 혼을 내면 받아들이기가 훨씬 쉬워진다.

이때 주의할 점은 어중간하게 칭찬하거나 어중간하게 혼내지 않는 것이다. 그래서는 상대방의 마음에 닿을 수 없다. 칭찬할 때도 철저히, 혼낼 때도 철저히 해야 한다. 나는 이것을 '화끈하게 칭찬하기', '화끈하게 혼내기'라고 표현한다. 칭찬한다는 것은 더 깊은 의미에서 말하면, 상대에게 공감하는 것, 즉 상대축에 서는 것이다.

화끈하게 칭찬하고, 화끈하게 혼냈던 에피소드를 하나 소개하려 한다. 당시 나는 한 회전 초밥 프랜차이즈에서 '칭찬으로 사람을 성장시키는 방법'에 관해 정기적으로 강의를 진행하고 있었다. 한 체인점의 점장인 H씨는 출중한 실력으로 명성이 자자했다. 상담을 하다 보면 요리하는 분들 중에는 장인 기질이 너무 뛰어나 자신의 능력을 과신하고 다른 사람의 말을 잘 듣지 않는 사람이 꽤 있다. H씨가 바로 그 전형이었다.

음식점에서 일한 경험이 있는 사람이라면 종종 겪는 일이지만, H씨는 손님이 밀려들면 초조해하는 것으로도 유명했다. 그는 초조하면 가게 휴지통을 걷어차는 버릇이 있었다. 물론 주방에서 벌어지는 일이라 손님들은 알 턱이 없었지만, 그 모습을 모두 지켜봐야 하는 직원들은 살얼음판을 걷는 기분으로 일해야 했다. H씨의 그런 성격 탓에 그 지역을 관리하는 프랜차이즈 직원들은 그를 다루는 데 애를 먹었다. 하지만 실력이 워낙 출중하다 보니 근본적인 대책을 마련하지 못하고 있었다.

그러던 어느 날 내 차례가 돌아왔다. H씨가 있는 지점에 투입된 것이다. 협의를 위해 모인 회의실에는 H씨를 포함해 회사 고위층 인사들이 앉아 있었다. 그들은 내게 의심의 눈빛을 보냈다. '저 사람이 정말 H씨를 상대로 제대로 협의할 수 있을까' 하는 속내가 읽혔다. H씨는 팔짱을 낀 채 당장이라도 싸울 듯 나를 노려보고 있었다. 그의 눈은 이렇게 말하는 듯했다.

'자, 어디 한번 마음대로 해보시지!'

점장뿐 아니라 가게 직원이 바쁠 때 초조해하는 이유는 대략 정해져 있다. 끝없이 손님이 계속 밀려오는 것에 대한 부담감보다는 자신의 스킬 부족, 교대 근무에 차질이 생기는 것, 생각대로 움직여주지 않는 직원 또는 가게 자체에 대한 불안감이다. 말하자면 가게가 더욱 잘되었으면 하는 마음이 강해서 벌어지는 일이다.

'오늘은 점장이 나와줬으면', '이 타이밍에 손님이 밀려온다는 것을 예상해서 미리 대비했으면', '더 능숙하게 손님을 안내했으면' 등 세세하게 말하면 끝이 없지만, 총체적으로는 각자가 그리는 이상적인 가게와의 차이에서 초조함이 생겨나는 것이다.

마더 테레사는 "사랑의 반대는 미움이 아니다. 무관심이다"라고 말했지만, 정말 가게에 무관심하다면 설령 손님이 밀려와도 초조해하기는커녕 아무 반응도 보이지 않을 것이다. 나는 H씨도 마찬가지라고 생각했다. 나는 가장 먼저 점장 시절의 경험을 바탕으로 그의 마음을 헤아려보고 공감하는 말을 던졌다.

"H씨의 기분은 백번이고 이해합니다. 저도 라면 가게 점장 시절에 휴지통을 꽤 여러 번 걷어찼거든요."

그리고 그 후의 에피소드를 이야기하며 그의 상황을 공감해주었다.

"남들 쉴 때 내 돈 들여 새 휴지통을 사러 가는 기분은 참 별로였죠."

그는 수긍했다. 하지만 여전히 팔짱을 낀 상태였다. 나는 이것으로 끝났다고 생각하지 않았다. 그다음에는 혼을 내서 H씨의 행동을 바꿔야만 했다. 이때 나는 회의실 분위기가 심상치 않다는 것을 느꼈다. '혹시?' 하는 기대감과 '괜찮을까?' 하는 의심이 섞여 있었다. 나는 H씨에게 이렇게 말했다.

"H씨, 이제 휴지통 걷어차는 일 같은 건 그만합시다."

그러자 모든 사람이 어안이 벙벙한 표정을 지었다. '그래, 이렇게 될 줄 알았어'라고 생각하는 듯했다. '저 사람도 말뿐이야!' 하는 눈빛을 보내는 사람도 있었다.

하지만 나는 그런 시선들은 아랑곳하지 않고 계속해서 말을 이어나갔다.

"H씨, 휴지통을 걷어차는 건 그만합시다. 평생!"

내일도, 이번 주도, 이번 달도, 반년도, 일 년도 아닌 H씨가 요식업에 종사하는 동안, 휴지통을 걷어차는 일은 그만둬달라고 강력히 요청했다. 요식업에 계속해서 몸담고 싶어 하는 H씨의 각오를 보기 위함이었다.

"만일 그게 불가능하다면 저는 이만 돌아가겠습니다. 이 회사와의 계약은 어떻게 되든 상관없습니다."

나는 단호하게 말했다. 그리고 한마디 덧붙였다.

"당신을 바꿀 수 없다면 이 회사에서 저의 존재 가치는 없기 때문입니다."

사실 당시 나는 막 독립해서 어떻게든 매출을 올려야 하는 시기였다. 하지만 내가 각오를 보이지 않는 이상, H씨를 설득할 방법이 없을 것 같아 강력하게 말한 것이다. 그 결과는 어땠을까. H씨는 슬며시 팔짱을 풀며 이렇게 말했다.

"알겠습니다. 그렇게 하죠."

　　H씨는 현재 어떤 모습일까? 2년 연속 초밥 콘테스트에서 우승을 거두며 여전히 명성을 떨치고 있다. 회사의 골칫거리였던 과거의 모습은 온데간데없어졌고 프로페셔널하게 자신의 일에 임하고 있다.

　　이 에피소드를 통해 알 수 있듯 그냥 칭찬하고 그냥 혼내서는 안 된다. 상대방의 상황에 깊이 공감하는 동시에 자신의 각오를 보여야 한다. 그래야 상대의 마음이 움직일 수 있다. 나도 리스크를 입을 수 있다고 단단히 각오한 뒤 화끈하게 칭찬하고, 화끈하게 혼내보기 바란다.

칭찬이 서툰 사람들의
두 가지 공통점

우리는 다른 사람을 칭찬하는 데 서툴다. 유감이지만 내 주변 사람들만 봐도 그렇다. 그렇다면 왜 우리는 다른 사람을 칭찬하는 걸 어색해할까? 아니 애초에 왜 우리는 다른 사람을 칭찬하지 못할까? 나는 두 가지 이유가 있다고 생각한다. 우선 첫 번째는 칭찬 포인트를 알지 못하기 때문이다. 그리고 두 번째가 진짜 문제인데, 바로 칭찬하고 싶지 않기 때문이다.

칭찬 포인트를 잡지 못하는 이유는 간단하다. 앞서 설명했듯 상대를 제대로 보지 않기 때문이다. 상담을 하다

보면 아내의 헤어스타일이 바뀐 걸 알아차리지 못해 부부 싸움을 했다는 이야기를 종종 듣는다. 아주 조금만 아내를 관심 있게 지켜봐도, 정말 조금만 칭찬해도 부부 관계가 원만할 텐데, 소중한 기회를 놓치고 있어 안타깝다.

칭찬 포인트를 찾지 못하는 사람은 관찰력이 떨어져 힘든 것일 수도 있다. 아마 그 사람은 새로운 것이나 재미있는 것을 찾는 것도 어려워할 것이다. 하지만 반대로 생각하면, 칭찬하는 힘을 익히면 상대를 더 잘 알 수 있고, 아이디어를 낳는 힘도 커진다. 이 역시 칭찬의 마법이다.

그렇다면 칭찬하고 싶어 하지 않는 사람은 어떤 사람일까? 이런 사고방식을 가진 사람은 상대를 칭찬해도 바뀔 게 전혀 없다고 생각한다. 칭찬의 의미와 효과가 없다고 생각하는 것이다. 오히려 칭찬은 상대를 응석받이로 만들어 역효과가 난다고까지 생각한다. 이런 사람은 인생에서 칭찬을 하거나 칭찬을 받아서 좋았던 기억이 별로 없었을 것이다. 이런 사람이야말로 칭찬의 마법을 실감하게 할 필요가 있다.

좋아하는 감정을 전하는
말의 공식

나는 장소에 상관없이 기회가 있을 때마다 칭찬 한마디의 힘에 관해 이야기한다. 그때마다 변함없이 듣는 말이 있다.

"칭찬이요? 가정의 평화를 위해 아내에게 예쁘다고 하면 되는 거죠?"

이는 칭찬을 단순한 아부나 아첨 정도로 착각한 것이다. 정말 큰 오해다. 애초에 아내나 여자친구에게 "예쁘다"라는 말을 하는 것만으로는 부족하다. 상황에 따라 "예쁘다"라는 말이 적합할 때도 있겠지만, 절대 능숙한 말하기라고는 할 수 없다.

그렇다면 어떻게 말해야 할까. 칭찬할 때는 상대방에게 와닿는 한마디를 덧붙여야 한다. 이를테면 이런 식이다.

"예쁘다. 그 옷 참 잘 어울려."

"매일 활기차 보여서 좋아."

"요즘 살 빠졌어? 점점 예뻐지는 것 같아."

이런 말은 매일 관심 있게 지켜보지 않고서는 할 수 없는 말이다. 칭찬받은 사람은 '나에게 많이 신경 쓰고 있구나', '난 관심받고 있어' 하는 생각이 들어 마음이 따뜻함으로 가득 채워진다.

여기서 한 걸음 더 나아가 상대의 행동이나 내면을 칭찬하자. 그것이 가능하다면 말의 효과는 배가된다.

"함께 있어서 행복해."

"오늘 찌개 정말 맛있었어."

"당신과 결혼해서 정말 행복해."

행동을 칭찬하는 것은 상대방의 본질을 칭찬하는 것이기에 상대방에 대한 애정이나 좋아하는 감정이 전해져 마음을 채울 수 있다.

상대를 좋고 싫음의
잣대로 보지 않는다

누구에게나 성격이 맞지 않아서 대하기 껄끄럽고, 좋은 말을 건네기가 쉽지 않은 사람이 있기 마련이다. 하지만 이웃이나 같은 반 친구, 학부모 모임 등의 커뮤니티나 직장 동료 같이 매일 얼굴을 봐야 하는 사람이라면 마냥 피하기만 할 수는 없다. 그런 사람이야말로 대화를 통해 당신에게 플러스가 되는 관계로 만들어야 한다.

누군가를 미워하며 보내는 시간은 고통이다. 싫은 사람 때문에 하고 싶은 일을 참는 것도 스트레스다. 사람을 미워해서 좋은 일은 하나도 없다. 그렇다고 싫은 사람을 칭찬하는 것도 쉬운 일이 아니다. 나에게도 예전에 칭찬의 말이 절대 입 밖으로 나오지 않는 사람이 있었다. 그래서 그 기분을 충분히 이해한다.

대학 시절, 아르바이트생 사이에서 팀장을 하던 때의 일이다. 당시 함께 일했던 아르바이트생 중에 열여덟 살인 여자아이가 있었다. 그 아이는 얌전한 성격에 작업 동작이 느렸고, 도무지 의욕이라고는 찾아보기 힘들었다. 처음에는 사춘기 소녀의 어리광이라는 생각에 격려도 해보고 꾸짖어도 봤지만, 전혀 달라지지 않았다. 온갖 정성을 쏟아도 나아질 기색이 보이지 않았다. 결국 나는 지쳐서 될 대로 되라는 식으로 포기해버렸다.

그러던 어느 날, 그 아이와 잠시 사적인 이야기를 나누게 되었다. 그러자 신기하게도 평소에는 얌전하기만 했던 아이가 밝고 신나는 표정으로 자신의 이야기를 늘어놓았다. 의욕이라고는 전혀 찾아볼 수 없었던 축 처진 모습과는 딴판이었다. 나는 마음속으로 '일할 때나 그렇게 열심히 하지'라고 생각했다.

나는 일단 앞서 이야기한 상대축에서 상상력을 발휘

하기 시작했다. 상대의 입장에서 그 아이의 성장 배경이
어떨지 상상의 날개를 펼쳤다. 그 아이는 어떤 부모 밑
에서 자랐을까. 제대로 사랑받지 못하고 자란 건 아닐
까. 학교생활은 어땠을까. 항상 이런 식이었다면 친구들
에게도 외면당하지 않았을까. 만일 그렇다면 아르바이
트를 하는 가게에서까지 저 아이를 포기해서는 안 된다
고, 그러면 저 아이는 끝이라고 생각했다.

　또 한 가지, 그 아이의 평소 모습도 관찰하기로 했다.
'학원 이야기를 한 것으로 봐서 의외로 공부에 관심이
있을지도 몰라. 원래는 의욕도, 의지도 있지 않았을까?
그러고 보니 지난번에 특히 어르신들에게 상냥하고 친
절했어. 할아버지, 할머니를 좋아하는 아이일 거야.'
　그런 시선으로 바라보니 그 아이의 사소한 말과 행동
에서 나름의 고단했던 인생이 그려졌다. 곧 그녀에 대해
여러 사실을 알게 되었다. 고등학교 때 왕따를 당했던
일, 옷차림이 이상하다고 웃음거리가 되었던 일. 지금은
어머니와 단둘이 살고 있고 아르바이트를 해서 모은 돈
으로 전문대학에 가고 싶다고 했다.

　　대화하는 시간이 늘어날수록 그 아이는 조금씩 나에게 마음을 열었다. 그러자 근무 태도가 좋아졌고, 칭찬할 기회도 계속해서 늘어났다. 좋은 면을 찾고 꾸준히 칭찬하자 그 아이의 미소를 보는 날도 점점 늘어났다.

　　칭찬할 부분이 보이지 않을 때는 먼저 상대의 아픔에 공감해보면 어떨까? 상대를 좋고 싫음의 잣대로 보지 말고 일단 감정을 중립에 둔 채로 공감해보자.

'자기축'이 아닌
'상대축'에 서 있는가

지금까지 칭찬을 하기 전에 상대축에서 생각하는 것의 중요성을 이야기했다. 하지만 말이 쉽지, 실천하기란 좀처럼 어렵다. 알기 쉽게 설명해보겠다.

전화로 길 안내를 할 때 어떤 식으로 하는지 한번 생각해보자. 길을 안내하는 방식으로 당신이 칭찬에 능한 사람인지, 서툰 사람인지 알 수 있다.

"역에서 나오면 편의점이 있어요. 거기에서 세 번째 모퉁이를 돌면…."

보통은 이렇게 설명한다. 과연 이런 설명이 알기 쉬운

길 안내라고 할 수 있을까? 답은 '아니오'다.

　얼핏 들으면 논리정연하게 들린다. 그러나 이 안내에는 치명적인 단점이 있다. 이 안내는 '자기축'에서 하는 말이다. 효과적인 칭찬을 위해서는 '상대축'에서 말하는 것이 중요하다. 상대가 지금 어디에 있는지, 어디를 향해 있는지 알지 못하면 아무리 정중하게 설명해도 전해지지 않는다. 우리는 무심코 매사를 자기축으로 바라본다. 하지만 이것은 칭찬에 서툰 사람이 빠지기 쉬운 덫이다.

　한편, 칭찬에 능한 사람은 다른 사람의 시선, 즉 상대축에 서서 매사를 바라보고 설명한다. 상대의 시선을 상상하고, 그 시선대로 상대를 유도한다.

　"눈앞에 뭐가 보이죠? 네, 맞아요. 그 편의점을 지나쭉 걸어가세요. 사거리가 나오죠? 거기에서 오른쪽으로 돌면…."

　이렇듯 일상의 작은 장면에서도 상대축에 설 수 있느냐의 여부로 말의 인상이 달라진다. 상대축에 설 수 있다면 이미 칭찬에 능숙해진 것이나 다름없다.

전달 효과를 높이는
말의 디테일

- 음식, 취미 등 상대의 기호를 파악하여 화두를 연다.
- 말하기 전에 주어를 상대방으로 바꿔서 생각해본다.
- 상대방의 구체적인 행동을 언급하면서 말을 건넨다.
- 혼을 내야 할 때는 자신의 리스크도 함께 언급한다.
- 평소의 모습을 관찰하면서 그 사람의 배경을 파악해
  본다.

Chapter 3

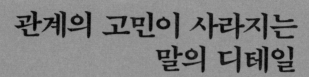

관계의 고민이 사라지는
말의 디테일

'시점 이동'으로
상대의 기분을 이해한다

'상대의 입장에서 생각하라.'

이는 원만한 인간관계를 유지하는 요령 중 하나로 널리 알려진 말이다. 나도 이 말에 동의한다. 상대의 축에 서서 상대를 이해하는 '상대축'이라는 사고방식은 앞서 설명했다. 상대의 기분에 공감할 수 있어야 비로소 상대를 감동케 하는 말을 할 수 있다.

하지만 상대축에 서더라도 상대를 제대로 이해하기란 결코 쉽지 않다. 사람은 매사를 자기중심적으로 생각하는 경향이 있다. '저 사람은 분명 이렇게 생각하고 있을 거야'라는 추측도 종종 빗나간다. 당연한 일이다. 자신의 시선으로 상대의 기분을 추측하는 데는 한계가 있기 때문이다.

　진정한 의미에서 상대의 축에 선다는 것은 어떤 의미일까? 나는 "엄지공주가 되어보라"고 말한다. 무슨 말인지 의아할 것이다. 별로 어렵지 않으니 걱정하지 말자. 일단 자신의 몸이 확 줄어들어 엄지공주만큼 작아진 모습을 상상해보자. 그리고 공감하고 싶은 상대의 귀든, 입이든 어디든 좋으니 쏙 들어가보자.

　상대의 몸에 있는 자신의 모습이 그려졌다면, 상대의 눈을 통해 세상을 바라보자. 그 정도로 과감하게 상대와 하나가 된 모습을 상상할 수 있다면, 진정한 의미에서 상대방의 시선에 설 수 있다. 나는 이 사고방식을 '시점 이동'이라고 부른다.

　상대의 시선으로 그 사람의 하루를 살펴보자. 예를 들어 당신이 시어머니인데 며느리와의 관계가 거북해졌다면 몸을 확 줄여 엄지공주의 모습으로 며느리의 몸으

어떤 말을 해야 기분 좋은 대화가 될지,
서로의 시선을 맞춰본다.

로 들어가보자. 며느리의 시선으로 자신을 본다면 어떤 모습이 보일까.

만일 당신이 어린 손주가 보고 싶은 마음에 연락도 없이 불쑥불쑥 며느리를 찾아간다면 어떨지 생각해보자. 무조건 잘못된 일이라고는 할 수 없지만, 너무 빈번하게 찾아간다면 트러블이 생길 수밖에 없다. 며느리 입장에서는 하루하루가 육아와의 전쟁이다. 게다가 집안일이 산더미처럼 쌓여 있는데, 연락도 없이 시어머니가 불쑥불쑥 찾아온다면 마냥 반가울 리 없다.

한 번 더 며느리의 시선으로 자신의 모습을 바라보자. 물론 당신도 며느리가 힘들다는 것 정도는 알고 있다. 하지만 시점 이동을 해보면 '어휴, 아직 설거지도 못했는데 어머님이 오셨네. 어쩌지? 싫은 내색을 할 수도 없고'라고 생각하는 며느리의 기분을 충분히 이해할 수 있을 것이다.

시점 이동으로 며느리의 기분에 공감했다면 "밤낮으로 아이 돌보느라 힘들지. 나도 잘 알고 있어. 애 키우랴, 살림하랴 네가 정말 고생이 많아"라고 말해보자. 며느리는 자신의 기분을 알아주는 시어머니에게 믿음이 생길 것이다. 그런 다음 "다음에 올 때는 꼭 미리 연락할게"라고 말하자. 때때로 기저귀를 사다주거나 살림을 도와준다면 자신의 상황을 이해해준다는 생각이 들어 마음이 더욱 잘 통할 것이다.

상대의 기분을 알고 싶다면 자신이 엄지공주가 되어 상대의 몸에 들어간다는 생각으로 시점 이동을 해보자.

화해의 시그널은
아이 콘택트로

상대와의 관계가 악화되어 칭찬은커녕 눈도 마주치기
싫었던 경험은 누구에게나 있을 것이다. 이를테면, 부부
싸움이 그렇다. 일단 한번 틀어지면 여간 성가신 게 아
니다. 어떻게 사이를 되돌릴지 고민하느라 날밤을 새우
기도 한다. 솔직히 말하면 나도 아내와 끊임없이 부부
싸움을 하던 시기가 있었다. 화해하려다가 다시 싸우고,
또 화해하려다가 다시 싸우는 일이 반복적으로 일어나
몸과 마음이 너덜너덜해졌던 적도 있다.

　어떤 계기로 어색한 상황에 놓이면 말 한마디조차 걸

기 힘들다. 억지로 용기를 내 칭찬의 말을 건네면 "갑자기 왜 그래?"라는 날 선 목소리만 돌아온다. 하지만 그런 상황에서도 화해의 메시지를 전하는 것은 가능하다. 어떻게 하면 될까? 내 대안은 바로 '아이 콘택트'다. 한 연구 결과에 따르면, 관계가 양호한 상태에서는 대화하는 시간의 약 60퍼센트는 상대의 눈을 바라본다고 한다. 그만큼 아이 콘택트에는 상대를 향한 관심과 애정이 담겨 있다.

가족과의 사소한 다툼으로 눈도 마주치지 않고 아침에 일어나서도 데면데면할 때가 있다. 만일 화해하고 싶다면 일단은 가볍게 시선을 맞춰보자. 그것만으로도 충분하다. 바로 시선을 주고받지 않아도 상관없다. 계속 먼저 시선을 보내면 상대에게 당신의 기분이 전해진다. 그리고 마침내 말을 걸기 쉬운 분위기가 된다. 그다음에는 어떻게 될까? 상대에게서 자연스럽게 "밥은?" 같은 말이 나온다. 그렇게 되면 상황 종료다. 그 후부터는 이런저런 말이 술술 나온다.

- "다녀오겠습니다."
- "그래, 잘 다녀와."
- "잘 자."

　아무 일 없었다는 듯 지극히 자연스럽게 차츰차츰 마음의 거리가 좁혀진다. 장애물이 낮은 행동과 말만 하면 되니 계속하기도 쉽다. 갑자기 칭찬의 말을 건네면 오히려 '무슨 꿍꿍이야?'라는 오해를 받을 수도 있다. 단 모든 칭찬이 그러하듯 단발성으로 끝내서는 의미가 없다. 조금씩이라도 좋으니 계속하는 것이 중요하다. 칭찬을 습관화하면 집안에 저절로 말을 걸기 쉬운 환경이 만들어진다.

칭찬도 계속하면
힘이 된다

아이가 기말고사에서 성적이 떨어졌다면 아마 화가 나서 혼을 낼 것이다. 하지만 조금이라도 노력한 흔적이 보인다면 제대로 칭찬해주자. 책상에 앉는 것조차 버거워하던 아이가 일단 책상에 앉아 10분이라도 공부했다면 그것만으로도 훌륭한 진보다. 그 점을 언급해주자.

"잘했어. 계속 이렇게 하면 다음에는 더 잘할 수 있어. 분명 좋은 결과가 나올 거야."

이렇게 말해주면 아이의 마음속에는 더 열심히 해야겠다는 의욕이 생긴다. 바로 성과로 이어지지 않더라도 적어도 열심히 한 일 자체에서 기쁨을 느낀다.

단 성적이 떨어졌으면 그만큼 공부가 더 필요하므로 개선은 필요하다. 만일 아이가 스마트폰 게임에 빠져 있다면, 일단 게임 레벨이 오른 것을 인정하고 칭찬해준다. 그런 다음 그 힘을 공부에 쏟도록 의욕을 북돋워준다. 갑작스럽지 않게 조금씩 단계를 밟아 공부하기 쉬운 환경을 만들어주는 것이다.

누구나 앞이 보이지 않는 것은 굉장히 불안한 법이다. 산에 오르는데 지금 서 있는 곳에서 정상까지 얼마나 걸릴지 모른다면, 걷는 속도와 휴식 시간 등을 파악하기가 어렵다. 하지만 '반쯤 왔다' 혹은 '80퍼센트 정도 올라왔다'라는 것을 알면 일단 페이스를 조절할 수 있어 어떻게든 정상에 오를 수 있다.

- '어떻게 열심히 하면 될까?'
- '어떻게 하면 칭찬받을 수 있을까?'
- '이렇게 하면 얼마나 성장할 수 있을까?'

이런 장애물을 잘게 그리고 적절한 간격으로 설정해

칭찬해주자. 단발성으로 칭찬하기보다 계속 다양한 각도에서 지속적으로 칭찬해주면 더 큰 성장을 기대할 수 있다. 예를 들어 뭔가를 배울 때 선생님이나 부모님께 칭찬을 받으면 효과적인 결과를 낼 가능성이 커진다.

나는 모두에게 '1일 1칭찬'을 권장한다. "계속하는 것은 힘이 된다"라는 말이 있다. 이 말은 칭찬에도 해당한다. 단 한마디라도 괜찮으니, 반드시 계속하도록 의식하자. 서로 칭찬하는 데에 익숙해지면 의식적으로 다양한 칭찬의 말을 해보자.

이때 "와, 멋져요!", "박수!" 같이 과장된 칭찬을 할 필요는 없다. "잘했어", "넌 해낼 줄 알았어" 같이 상대방의 노력을 긍정하는 한마디면 충분하다. 사소한 과정을 여러 번 칭찬하자. 입에 발린 말이나 억지 칭찬이 아닌, 정말 칭찬받아 마땅한 일에 대한 칭찬을 소소해도 좋으니 계속 쌓아가도록 하자. 그것이 관계를 개선하는 말을 하기 위한 마음가짐이다.

타인이 아니라
과거의 자신과 비교한다

혹시 칭찬의 반대말을 알고 있는가. 그것은 바로 '비교'
다. 혼내거나 꾸짖는 것을 떠올린 사람도 있겠지만, 칭
찬의 반대는 사실 비교하는 것이다. 나는 누군가를 칭찬
할 때 그 사람의 장점이나 그 사람이 노력하고 있는 점
을 찾아 언급하는 것을 매우 중요시한다. 이와 정반대의
접근이 비교하는 것이다.

비교는 우열을 가린다는 의미다. 즉 A씨가 특출하게
우수하다면, 그에 미치지 못하는 B씨는 우수하지 않은

게 된다. 하지만 A씨도, B씨도 열심이다. 두 사람 모두 열심인데 군이 우열을 가릴 필요가 있을까? 그런데도 우리는 두 사람이 있으면 어느 쪽이 우수하고 어느 쪽이 열등한지 비교한다. 학력이나 수입 같은 필터를 통해 사람을 평가한다.

비교는 사람을 어떤 특정한 잣대로 측정하는 것이다. 학력으로 측정하면 일류대학에 들어간 사람은 우수하고, 그 이외의 사람은 우수하지 않은 게 된다. 하지만 그것은 잘못된 판단이다. 열심히 노력해 좋은 대학에 들어간 것은 대단한 일이지만, 그것은 그 사람의 일부에 지나지 않는다.

'이 사람에게는 정말 좋은 점이 많아'라는 생각으로 상대를 보면 그 사람의 좋은 점들이 눈에 들어온다. 따라서 비교를 멈추고 그 사람의 장점을 존중하며 마주하는 것이 무엇보다 중요하다.

집안일을 전혀 돕지 않는 남편이 있다고 가정해보자. 당신은 친구 남편과 비교하며 "내 친구 남편은 휴일에 가족을 위해 직접 요리도 해준다는데, 당신은 매일 소파에 누워서 뒹굴기만 하고!" 하며 화를 낼지도 모른다. 그 기분은 알겠지만, 그때 당신은 집안일을 적극적으로 돕는 남편이 좋은 남편이라는 필터를 통해 남편을 바라본 것이다.

먼저 필터를 걷어내고 남편을 새롭게 바라보자. 집안일을 도와주지 않는 한 가지 면에서는 분명 좋은 남편이 아닐 수도 있다. 하지만 항상 재미있는 유머로 가정을 화목하게 만들어주는 면이 있지 않을까? 나쁜 점만 보기보다 좋은 점에 감사하면 남편과의 관계도 개선된다. 가끔 집안일에도 신경 쓰라는 한마디도 더 상냥하게 할 수 있다. 남편이 먼저 나서서 집안일을 하게 될 가능성도 훨씬 커질 것이다.

아이가 달리기를 잘한다고 가정해보자. 하지만 아이의 학교나 반에 더 빨리 달리는 아이가 있을 수 있다. 그래도 진심으로 칭찬해주자. 상대적인 평가로는 일등이 아니어도, "너의 목표를 달성했다"라고 인정해주자. 자신감이 생긴 아이는 자신의 자질을 더욱 키우기 위해 노력할 것이다. 그렇게 긍정적으로 생각하고 계속해서 도

전한다면 앞으로 더 멋진 삶을 살 수 있지 않을까.

물론 모든 비교를 부정하는 건 아니다. 때로는 플러스가 되는 비교도 있다. 그것은 과거 자신과의 비교다. 거리를 두고 자신의 여러 면모를 냉정하게 바라볼 수 있는 기회이다.

- '3개월 전과 비교했을 때 어떤 점이 좋아졌을까?'
- '정체된 부분은 어디일까?'
- '오히려 뒤처진 면은 없을까?'

타인과의 비교가 아닌 자신과의 비교로 자신의 성장을 명확히 바라보고 인식할 수 있다. 그것이 과거의 자신과 비교할 때의 장점이다.

열린 시선으로
상대의 본질에 집중한다

인간관계가 좀처럼 풀리지 않을 때 어떤 생각이 드는가?

'내 말투에 무슨 문제가 있나? 좀 더 신경 쓸 걸 그랬어…' 하고 자신의 행동을 반성할까? 아니면 '그 사람 태도가 나빴어', '어떻게 그런 말을 할 수 있지?' 하고 상대에게 화를 낼까. 심지어 당신에게 "당신의 말투가 잘못됐어요"라고 지적하는 사람도 있을 것이다. 이 두 가지는 뿌리가 같다. 바로 단점을 보는 사고방식에서 비롯된다.

우리는 보통 어떤 일이 생기면 무엇이 잘못되었는지 생각하고 그것을 수정하는 방식으로 극복하려 한다. 이

런 개선을 위한 사고방식은 비즈니스 현장에서는 효과
적일 수 있다. 하지만 이런 방식으로는 인간관계를 원만
하게 풀어가기 어렵다. 왜냐하면 개선을 위해서는 먼저
단점을 찾아내야 하기 때문이다.

그렇지 않아도 상대가 껄끄러운데, 계속 나쁜 면만 눈
에 들어오니 점점 더 싫어질 수밖에 없다. 설령 자신의
단점부터 고치겠다고 마음먹더라도 자신의 부정적인
면부터 살피게 된다. 따라서 상대에게 자신 있게 이야기
하지 못하고 위축되는 상황이 생긴다. 이래서는 계속 악
순환에 빠진다. 자신도, 타인도 절대 행복해질 수 없는
접근방식이다.

말의 효과를 제대로 발휘하려면, 단점부터 찾으려던
지금까지의 사고방식에서 벗어나야 한다. 잘하려고 노
력하는 개선은 그대로 진행하더라도, 지금까지와는 다
른 방식으로 상대방을 대해야 한다.

내가 생각하는 칭찬은 장점을 먼저 보고 그 사람의 성
질을 긍정적으로 파악하는 것이다. 부정적인 면을 외면
하자는 것이 아니다. 말의 선순환을 만들기 위해서는 열

린 시선으로 상대의 장점을 찾아 정중하게 칭찬해야 한다. 칭찬받음으로써 마음이 풍요로워지고, 앞으로 더 잘해야겠다는 의욕이 샘솟는다. 게다가 단점도 장점으로 전환할 수 있게 된다.

만일 계속 상대의 단점이 거슬린다면, 그 단점의 배후를 생각해보면 어떨까. 장점과 단점은 동전의 양면과 같다. 활동적인 성격은 '쾌활하고 밝다'라고 평가할 수도 있고, '차분하지 않다'라고 평가할 수도 있다. 긍정적인 면과 부정적인 면, 어느 쪽에 비중을 두느냐에 따라 달라진다. 따라서 단점만 찾으려고 하면 단점에만 시선이 쏠리기 마련이다.

다른 사람을 대할 때 그리고 자신을 돌아볼 때, 단점만 찾으려 하지 말고 먼저 장점을 찾아보려는 마음가짐이 중요하다.

실수 에피소드로
상대의 마음을 연다

칭찬으로 말의 선순환을 만들려면 어떤 점을 칭찬하는 지가 무척 중요하다. 하지만 그 이상으로 중요한 것이 있다. 그것은 바로 '누구에게 칭찬받느냐'다.

'저 사람에게는 칭찬 같은 거 듣고 싶지 않아.'

'저런 칭찬은 전혀 반갑지 않아.'

상대방이 이렇게 생각한다면 칭찬의 마법은 통하지 않는다. 그렇다면 어떻게 해야 할까? 먼저 약점을 드러 내고 자신의 잘못을 인정해야 한다. 일단 이렇게 시작 하는 것이 좋다.

- "나도 네 나이 때는 실패만 했어. 예를 들면….'"
- "내가 말이 좀 심했지? 미안해."

수백 명의 직원을 통솔하는 사장이 있다. 그는 자신의 실패담을 직원들에게 적나라하게 이야기한다. 그리고 직원이 업무상 실수를 하면 직접 지점을 돌며 자신의 잘못이라고 고개 숙여 사과한다. 어떤가? 이런 사장이 하는 칭찬이라면 진심 기쁘게 받아들일 수 있지 않을까.

'그렇게 실패담을 이야기했다가 얕보이면 어떡하지?'

이렇게 생각하는 사람이 있을지도 모른다. 걱정할 필요는 없다. 그 사장만큼 직원들의 존경과 신뢰를 받는 사람을 아직까지 본 적이 없다.

이는 직장에만 해당하는 이야기가 아니다. 만약 남편이 무언가를 개선하기를 바란다면 지적만 할 것이 아니라, 자신에게도 미흡한 점이 있음을 인정한 후 "당신, 항상 늦게까지 일해서 힘들지? 고마워"라고 고마움을 표현하자. 그리고 남편이 마음을 열었을 때 "조금 신경 쓰이는 게 있는데, 현관에 있는 신발 좀 정리해주면 안

될까? 아이들이 그대로 따라 해서 걱정이 돼"라고 말해
보자. 그러면 남편도 자신의 잘못된 부분을 있는 그대
로 인정할 것이다.

다른 사람의 입을 빌려
칭찬한다

'역시 좋은 점이 많아.'

'정말 새로운 관점이야.'

'생각이 참 깊어.'

1일 1칭찬을 권하는 나는 매일 여러 형태의 칭찬을 만들어나간다. 특히 필승 패턴을 갖는 것이 나의 철칙 중 하나다.

강속구에 자신 있는 투수라도 속도로만 밀고 나가면 공이 타자의 눈에 익어 언젠가는 홈런을 맞는다. 가끔은 한 박자 틈을 두고 칭찬하거나 실수를 눈감아주고 칭찬해보자. 때로는 틈을 주지 않고 계속해서 칭찬하는 등 여러 형태로 칭찬하면 상대에게 훨씬 깊이 닿을 수 있다. 칭찬에도 완급 조절이 필요하다.

칭찬의 한 형태로, 제삼자를 통해서 하는 칭찬이 있다. 보통 집에서나 일상에서는 일대일로 칭찬하는 경우가 많다. 하지만 다른 사람을 통한 칭찬, 즉 제삼자를 통한 칭찬도 색다르고 재미있다. 당사자에게 대놓고 칭찬하는 것이 쑥스럽다면 다른 사람의 입을 빌려보자. 예를 들어 아들에게 직접 칭찬해주는 것이 쑥스럽다면 가족들 앞에서 "요즘 우리 아들 정말 달라졌어. 숙제도 미리미리 해놓고, 공부도 정말 열심히 해" 하고 말하면 된다. 그러면 가족 중 누군가가 "아빠가 그렇게 말했어"라고 말해줄 것이다.

본인이 직접 칭찬하는 것도 좋지만, 이렇게 제삼자를 통해 전하는 말이 마음에 훨씬 와닿을 때도 있다.

내가 강의를 나가는 회사에서는 자신이 성장한 일에 대해 발표를 하게 하고 반드시 그 발표에 대해 칭찬하게 한다. 사람들 앞에서 칭찬을 받은 발표자는 '내가 모든 사람에게 인정받았다'라는 생각에 마음이 뿌듯해지고, 더욱 열심히 해야겠다는 의욕이 샘솟는다. 이런 과정을 거치면 직원이 이전보다 반짝반짝 빛나고 활기차게 일하는 모습을 직접 눈으로 확인할 수 있다. 칭찬의 마법을 믿는 나에게 이보다 기쁘고 감동적인 장면은 없다.

가족에게, 친구에게, 직장 동료에게 칭찬을 아끼지 말자. 칭찬은 단순히 말에만 한정되지 않는다. 쓰레기를 치워준다거나 설거지를 해준다거나 케이크와 꽃을 선물하는 등 고마운 마음을 행동에 담아 나타내는 방법도 있다. 다양한 칭찬의 형태를 고려해 자신의 칭찬 세계를 넓혀가는 것, 이것도 커뮤니케이션을 즐겁게 해주는 요령 중의 하나다.

칭찬 포인트를 찾는
질문 노하우

종종 노인요양시설에 방문해 팔순 할아버지, 할머니들과 대화를 나누곤 한다. 이럴 때 낯선 이의 질문에도 술술 대답하게 만드는 요령이 있다. 먼저 그 사람의 삶의 방식을 이해하는 것이다.

"어르신은 학창 시절에 어떤 운동을 좋아하셨어요?"

"현역에 계실 때 어떤 일을 하셨어요?"

이렇게 과거 이야기를 물으면 자랑담이나 고생담이 술술 나온다. 다들 신이 나서 다양한 이야기를 들려주신다.

상대방에게 관심을 표하며 '당신에 대해 더 알고 싶다'라는 마음을 전하는 것이 중요하다. 이야기를 더 듣고 싶다는 의사를 표현하자. 이런 마음으로 상대에게 질문하면 상대의 장점을 더 많이 찾게 된다.

아이나 배우자에게 하는 질문으로 예를 들어보려 한다. 사실 이것은 내가 실제로 가족에게 했던 말이기도 하다.

다섯 살 딸에게
항상 신발을 잘 정리해줘서 고마워.
아빠는 정말 기뻐.
현관이 깨끗하니까 다들 기분이 좋대.
우리 딸 어떻게 이렇게 기특한 생각을 한 거야?
처음에 어떻게 신발을 정리하게 된 거야?

아내에게
항상 우리 부모님을 생각해줘서 진심으로 고마워.
그 배려가 얼마나 고마운지 몰라.

부모님도 정말 고마워하서.

우리 딸도 당신처럼 배려 있는 사람으로 자랐으
면 좋겠어.

장인어른과 장모님은 당신을 어떻게 키우셨을까?

다음에 뵈면 꼭 여쭤봐야겠어.

어떤 느낌이 드는가? 아내가 내 부모님을 자신의 부
모처럼 소중히 대하는 것에 감동했고 고마운 마음을 말
에 담고자 했다. 그리고 다음으로 다른 장점에 대해 질
문을 했다. 이것이 가까운 사람의 칭찬 포인트를 찾아내
는 질문이다. 이렇게 상대에게 관심을 갖고 행동을 칭찬
하며 질문하자. 그러면 상대방의 좋은 면이 계속해서 눈
에 들어올 것이다. 상대에게 관심을 두고 이야기를 잘
들어주며 질문하면 상대와의 관계도 훨씬 돈독해질 수
있다.

추억 이야기로
마음의 거리를 좁힌다

칭찬은 상대방과 마음의 거리를 좁히는 데도 큰 도움이 된다. 관계가 소홀해졌을 때, 어느 정도 친해진 사람과 더 친해지고 싶을 때 칭찬은 매우 효과적이다. 단 지금부터 소개하는 방법은 부부나 연인, 오랜 친구 등 이미 함께 많은 시간을 보낸 사람들에게 효과적이다.

그런데 함께한 시간이 많아도 사소한 계기로 소원해지기도 한다. 허심탄회하게 말하고 싶은데 뜻대로 되지 않는다면 어떻게 해야 할까. 이럴 때는 '추억을 되새기는 마법'을 추천한다.

　때로는 다툴 일도 있었을 테지만 좋은 기억도 많기 때문이다. 바로 그 좋았던 기억을 떠올려보자. 연애 시절 첫 데이트, 아이와의 첫 만남 등 함께했던 기억에 대해 이야기를 나누는 것만으로도 엄청난 효과를 볼 수 있다.

　이때 효과를 더욱 극대화시키는 방법이 있다. 추억의 장소에 찾아가 사진을 찍어 상대에게 전송해보는 것이다. 상대방이 그 사진을 본다면 즐거웠던 당시의 추억을 떠올릴 것이다.

- '그때 둘이 영화를 보러 갔었잖아. 영화가 끝난 다음엔 이탈리안 레스토랑에 가서 식사를 했고.'
- '○○이가 세 살 때 놀이공원에 가서 토끼 놀이기구를 못 탔다고 울었잖아.'

　이런 메시지를 덧붙인다면 더욱 효과적이다. 메시지를 읽다 보면 당시의 모습이 눈앞에 생생히 펼쳐질 것이다.

**함께한 시간이 긴 관계에서
추억은 마음의 거리를 좁히는 역할을 한다.**

- '그때 그 시절로 다시 돌아가자. 함께 즐겁게
  웃던 그 시절로 돌아가고 싶어.'

 추억의 장소에서 찍은 사진에는 이런 마음이 담긴다.
이것이 바로 추억의 마법이다. 사진 한 장으로 관계가
금방 예전처럼 회복될 수는 없겠지만, 좋은 관계를 유지
하고 싶은 당신의 마음은 조용히 그리고 확실하게 전해
진다. '그 시절의 우리로 돌아가고 싶다'라는 메시지가
전해졌을 때 다음 추억 만들기의 첫걸음이 시작된다.

 인간관계는 추억 만들기다. 함께 보낸 날들의 기억을
조금씩 꺼내 같은 추억을 공유함으로써 더 돈독한 관계
가 될 수 있다.

상대가 좋아하는 것에
관심을 갖는다

얼마 전에 지인 W씨가 중2 딸을 둔 여성 E씨와 재혼해 중학생 여자아이의 아버지가 되었다. W씨와 딸은 놀라울 정도로 사이가 좋았다. 하지만 W씨의 이야기를 들어보니 처음부터 그랬던 건 아니었다.

W씨와 E씨와의 만남은 3년 전으로 거슬러 올라간다. 두 사람은 서로의 마음을 확인하고 결혼을 전제로 교제하기 시작했다. W씨는 나와 교류하면서 말의 중요성을 깨달았기에 E씨와도 칭찬을 주고받으며 양호한 관계를

구축했다. 하지만 E씨의 딸과 가까워지기까지는 꽤 오랜 시간이 걸렸다. 어느 날 갑자기 나타난 남자가 엄마의 애인이라고 하니 거리감이 드는 것이 당연했다. 어쩌면 아빠가 될지도 모르는데 어떻게 순순히 받아들일 수 있었겠는가. 게다가 친아빠와의 관계도 그리 좋지 않아 남자라는 존재 자체에 마음을 꽁꽁 닫은 상태였다. E씨의 딸은 말을 걸어도 바로 대답하지 않았고, 꼭 필요한 경우가 아니고서는 아예 말을 하지 않았다.

E씨와의 관계를 진지하게 생각했던 W씨는 그녀의 딸과 친해지고 싶었다. 그래서 가장 먼저 딸이 무엇을 좋아하고 소중하게 생각하는지 알아보았다. 딸은 만화책과 애니메이션을 매우 좋아했다. 하지만 W씨는 만화책을 별로 좋아하지 않았고, 더구나 여자아이들이 보는 만화책은 조금도 알지 못했다. 하지만 딸이 소중히 생각하는 것을 자신도 소중히 여기기로 마음먹었다. W씨는 딸이 좋아하는 만화책을 읽고 애니메이션을 보며 자기 나름대로 어떤 부분이 재미있는지 이해하려고 애썼다. 그런 노력 끝에 만화에 대해 조금씩 알게 되었다.

"그 만화책 정말 재미있죠?"

시간이 흐르자 언젠가부터 조금씩 둘 사이에 이런 대화가 오갔다. 마음의 거리가 좁혀지니 문자 메시지도 주고받게 되었고, 딸은 수시로 이모티콘을 보냈다. W씨는 딸이 처음으로 이모티콘을 보냈을 때 자신의 눈을 의심했다. 그리고 너무나 기쁜 나머지 이모티콘을 잔뜩 구매해 수시로 딸에게 보냈다.

W씨는 마침내 딸로부터 '아찌 안녕!'이라는 문자 메시지를 받았다. W씨를 받아들인 것이다. 드디어 마음이 통했다는 사실에 W씨는 가슴이 뜨거워졌다. 게다라 늘 호칭을 생략했던 아이가 '아찌'라고 불러주니 쑥스러우면서도 무척 기뻤다.

딸은 이런저런 말을 걸어오기 시작했다.

"아찌는 옛날에 어떤 사람이었어요?"

"아찌랑 같은 고등학교에 가고 싶어요. 담에 공부도 가르쳐주세요."

상대가 소중하게 생각하는 것을 자신도 똑같이 소중하게 여기자. 그것이야말로 상대방의 마음을 여는 가장 중요한 포인트다.

가끔은 손 글씨 메시지로
진심을 전한다

시간이 없어 직접 말하기 어려울 때는 휴대폰 문자 메시지나 컴퓨터 이메일, SNS 등을 활용하는 방법도 있다. 항상 얼굴을 마주하는 가족 사이에 새삼 칭찬의 말을 건네는 게 쑥스럽다면 이모티콘으로 표현하는 것도 매우 효과적이다. 단 이메일로만 메시지를 주고받으면 왠지 무미건조하고 감정이 잘 전해지지 않는 경우가 있다. 이것이 디지털 메시지의 단점이다.

'알겠습니다', '지금 가' 같이 자로 잰 듯 용건만 전하는 메시지에 무심코 화가 났던 경험이 있지 않은가? 그런 디지털 메시지의 단점을 보완하는 마법이 '손 글씨 메시지'다. 이 방법은 나도 아내와 딸에게 자주 사용하는데, 매우 간단하다. 메모지나 편지지에 손 글씨로 메시지를 적어 휴대폰으로 사진을 찍은 뒤 전송하기만 하면 된다. 같은 메시지라도 손 글씨라서 전해지는 감정이 다르다. 그 사람의 성격은 물론, 당시의 마음 상태 등이 필적으로 전해지기도 한다.

내가 이런 방식으로 메시지를 전하면 가족들도 똑같이 직접 손 글씨로 쓴 메시지를 보내준다. 문득 여행지에서 가족들의 따뜻한 메시지를 열어보고 얼마나 많은 위로와 용기를 얻었는지 모른다. 나의 두 딸에게서 가끔 이런 메시지가 온다.

아빠
지금 어디에요?
저는 오늘 친구와 놀았어요.
힘내서 일하세요.
사랑해요.
– 모모카가

아빠

아빠, 많이 사랑해요.

늘 고마워요.

일 열심히 하세요.

저도 공부 열심히 할게요.

오늘은 학교에서 수영을 했어요.

사랑, 사랑, 많이 사랑해요♡

– 치하나가

나는 딸들에게 각각 답장을 쓴다.

모모카에게

안녕, 모모카.

아빠는 지금 도쿄에 있어.

오늘 친구와 무얼 하며 놀았니?

기분 좋았겠구나.

월요일에 만나러 갈게.

우리 또 편지하자.

– 아빠가

치하나에게

안녕, 치하나.

오늘 수영 잘했니?

지난번에 함께 수영했을 때 정말 즐거웠지.

아빠는 지금 도쿄에 있어.

월요일 아침에 만나자.

치하나는 치하나답게 뭐든 열심히!

아빠는 늘 치하나를 응원해.

– 아빠가

가족 간의 돈독한 유대는 가족 개개인을 성장시키고 마음도 풍요롭게 한다.

서로의 마음을
존중하는 태도

혹시 누군가와 화해하고 싶다면? 누군가와 더 친해지고 싶다면? 상대와의 관계를 더욱 견고하게 만드는 방법이 바로 여기 있다.

한 40대 부부의 '작은 계획'에 관한 에피소드를 소개하려 한다. 부부는 초등학교에 다니는 두 아이를 두고 있었다. 대학 시절 피아노를 전공한 아내는 아이들에게 악기를 가르쳤다. 하지만 남편은 음악과는 담을 쌓아 악기를 연주하는 데 영 소질이 없었다. 그래서 아내가 가족 음악회를 열고 싶다고 말했을 때 선뜻 응하지 못했고, 두고두고 신경을 쓰다가 그만 콤플렉스가 되었다. 남편은 마침내 도박에까지 손을 댔다. 부부관계는 조금씩 금이 가기 시작했고 아이들과의 소통도 점점 어려워졌다.

그러던 어느 날, 남편은 이대로는 안 되겠다 싶어 온 가족이 함께할 수 있는 작은 계획을 세우기로 결심했다. 오랜 생각 끝에 떠올린 것이 바로 캠핑이었다. 아내가 자연을 좋아한다는 사실을 떠올린 남편은 아내에게 함께 캠핑을 하자고 제안했다. 그렇게 부부의 새로운 계획이 시작되었다.

부부는 캠핑 장비를 구입해 가까운 캠핑장을 찾아다녔고, 작은 캠핑카를 빌려 1박 2일로 온 가족이 여행을 떠나기도 했다. 결과는 매우 성공적이었다. 아내와 두 아이는 매우 만족스러워했고, 가족들의 관계도 점점 개선되었다.

하지만 이 이야기는 여기서 끝이 아니다. 어느 날 남편은 아내에게 이렇게 말했다.

"우쿨렐레 정도면 나도 할 수 있을 것 같아."

남편은 우쿨렐레를 사서 연습하기 시작했다. 처음에는 좀처럼 진도가 나가지 않았지만, 조금씩 꾸준히 연습해 마침내 가족 음악회를 열 수 있게 되었다.

만일 남편이 아내의 취미에 어울리지 못하고 캠핑을 계획하지 않았더라면, 아내가 악기에 연연한 나머지 남편의 제안을 받아들이지 않았더라면 이 에피소드는 없었을 것이다. 서로를 존중한 두 사람의 마음이 작은 계획을 통해 결실을 맺은 것이다.

마음의 거리를 좁히는
말의 노하우

- 상대방의 시선에서 자신을 바라보고 상대의 기분을 파악한다.
- 화해하고 싶다면 먼저 눈을 마주쳐 말을 걸기 쉬운 분위기를 만든다.
- 상대의 단점이 아닌 장점에 집중한다.
- 행동의 개선을 요구할 때는 내가 실수했던 이야기를 먼저 꺼낸다.
- 함께한 추억을 이야기하며 관계를 더 돈독하게 만든다.

Chapter 4

더 나은 나를 만나는
매일의 말 습관

자신을 플러스 감정으로
채우는 방법

파티에서 분위기를 띄우기 위해 설치한 샴페인 타워를
본 적이 있을 것이다. 유리잔을 피라미드처럼 쌓아 올려
맨 위에서부터 샴페인을 따르는 퍼포먼스를 한다. 계속
샴페인 병을 기울이다 보면 위에서부터 차례차례 잔이
채워져 마침내 맨 아래에 있는 유리잔까지 영롱한 거품
이 빛난다.

　한 파티장에서 샴페인 타워의 영롱한 거품을 넋을 잃
고 보다가 '아, 칭찬이란 이런 게 아닐까' 하는 생각이
번쩍 스쳐지나갔다. 자신 안에 넘쳐나는 긍정적인 감정

을 말에 싣는 것이 칭찬의 마법이다. 그런데 자신 안에 긍정적인 감정이 고갈되었다면 과연 다른 사람을 채워 줄 수 있을까?

인간관계에서 긍정적인 감정은 샴페인 타워와 같다. 가장 위에 있는 것이 자신이다. 먼저 자신이라는 유리잔 에 영롱하고 반짝이는 긍정적인 감정을 채우지 않으면 다른 사람에게 긍정적인 감정을 채울 수 없다.

자신을 긍정적인 감정으로 채우려면 어떻게 해야 할 까. 무엇보다 자신을 아는 것이 중요하다. 우선 지금까지 열심히 해왔고, 잘하고 있는 것을 적어보자. 아이를 키우 고 있는 주부라면 열심히 한 일이 산처럼 쌓였을 것이다. 바로 생각나지 않는다면, 학창 시절을 떠올려봐도 좋다. 3년간 동아리 활동을 했던 일, 날이 저물 때까지 취미생 활에 푹 빠져 있었던 일 등 뭐든 좋으니 생각나는 대로 전부 적어보자. 그리고 어느 정도 적었다면 그 메모를 가만히 들여다보자.

어떤 생각이 드는가?

'나도 꽤 열심히 했잖아?'

먼저 자신의 감정을 플러스 상태로 만들어야
상대의 마음을 채우는 말을 할 수 있다.

'열심히 해온 걸 생각하니 신기하게도 내가 사랑스러워졌어.'

그렇다. 자신을 칭찬하기까지, 자신을 채우기까지는 한 걸음이 더 필요하다. 누군가에게 긍정의 말을 전하기 전에 나 자신부터 칭찬하고, 나 자신을 채워주자. 나를 들여다보고, 나를 안아주자. 칭찬의 마법을 가장 먼저 거는 사람은 당신 자신이니까.

샴페인 타워에 붓는 샴페인처럼 칭찬의 고리는 퍼져나갈 수 있다. 맨 꼭대기 유리잔에 부은 샴페인이 서서히 아래 유리잔까지 흘러가는 모습을 한번 떠올려보자. 이 유리잔처럼 자신의 마음이 채워져야 비로소 타인의 마음도 채울 수 있음을 기억하자.

기대되는 내일을 만드는
잠들기 전
칭찬 충전

이번에는 스스로 자신을 채우는 효과적인 방법을 소개하려 한다. 바로 자신을 칭찬으로 충천하는 것이다. 잠자기 전에 똑바로 누워 양손을 위로 뻗는다. 마라톤 주자가 결승전을 통과할 때 양손을 번쩍 드는 것처럼 말이다. 자신의 호흡을 의식하며 움츠러든 등과 가슴을 활짝 펴고 아침부터의 행동을 하나하나 떠올린다. 그리고 다음 세 가지 테마로 하루를 돌아보고 마음을 정리해보자.

• 열심히 한 일은 무엇인가.

- 상처 입은 일은 무엇인가.
- 극복한 일은 무엇인가.

나는 이 방법을 실천할 때마다 마음에 박힌 화살을 뽑고 상처에 약을 발라 치유하는 이미지를 떠올린다. 편안한 자세로 가슴을 펴고 신선한 에너지를 주입한다. 그리고 아침에 일어났을 때 신선한 에너지로 가득 채워진 내 모습을 상상하며 잠을 청한다. 이런 과정을 거치고 잠자리에 들면 아침 컨디션이 달라진다. 마음이 상쾌하고 머릿속도 개운하다. 육체적으로 피로해도 마음 깊숙이에서는 의욕이 샘솟는다.

잠자기 전에 자신을 칭찬해서 아침까지 긍정적인 기분을 유지한다. 오늘의 나를 치유하고 내일의 나를 믿는 과정이다. 아무리 힘든 일이 있었더라도 이 '자기 전 칭찬 충전' 덕분에 다음 날에는 새롭게 마음을 다잡을 수 있었다.

서양의 비즈니스맨들은 마인드풀니스(mindfullness, 마음 챙김), 메디테이션(meditation, 명상) 같은 방법으로 자신을 다스리고 정신을 집중한다. 호흡을 의식하고 자신의 몸과 대화한다는 의미에서 이 방법 또한 명상 요가와 비슷하다.

오늘 밤부터 이불 위에 누워 양손을 위로 뻗고 가슴을 펴고 잠자리에 들자. 오늘의 자신을 칭찬해주면 내일의 자신도 분명 기뻐할 것이다.

1일 1셀프 칭찬으로
몸과 마음을 돌본다

B씨는 입원해 있는 동안 셀프 칭찬의 중요성을 깨닫고 멋지게 회복했다. 그는 어느 날 갑자기 심장병으로 쓰러졌다. 병원에 실려 가서 한동안 생사의 문턱을 넘나들었고 그가 제대로 눈을 뜬 것은 입원한 지 20일이 지난 후였다.

군인 출신인 B씨는 체력에는 자신 있던 터라 자신이 왜 그런 병에 걸렸는지 이해할 수 없었다. 그는 생사의 갈림길에서 생명의 소중함을 새삼 느끼고, 침상에서 자신이 병에 걸린 이유를 골똘히 생각해보았다.

B씨는 자영업을 시작하고부터 가게를 꾸리느라 하루
하루 분주하게 보냈다. 그는 '장사가 잘되지 않으면 어떡
하지' 하는 위기감과 초조함에 빠졌고 막중한 책임감과
함께 돈을 벌어야 한다는 집착에 사로잡혀 있었다. 그러
다 보니 스스로 압박을 가해 몸과 마음을 혹사했다. B씨
는 병의 배후에는 그렇게 자신의 몸과 마음을 괴롭히던
생활이 있었음을 깨달았다.

그때 B씨는 내가 예전에 했던 말이 떠올랐다고 한다.
"칭찬은 먼저 자신을 향해야 한다. 자신의 마음이 채워
져야 비로소 다른 사람을 칭찬할 수 있다"라고 말한 적
이 있는데, 그 말을 떠올린 것이다.

B씨는 앞으로 자신을 소중히 하며 살아가기로 결심
했다. 그리고 가장 먼저 자신을 칭찬하기로 했고 정말
작은 일이라도 매일매일 자신을 칭찬했다. 밥을 평소처
럼 잘 먹은 일, 청소해준 분에게 인사한 일, 같은 병실을
쓰고 있는 할아버지에게 우유를 사다 드린 일 등 너무나
당연한 일도 잘했다고 스스로를 칭찬했다.

B씨는 마침내 황폐해진 마음에 조금씩 빛이 들어오
는 것을 느꼈다. 그러자 놀랍게도 병이 조금씩 호전되었

다. 물론 병이 호전된 것은 의사의 진료 덕분이기도 했다. 하지만 B씨는 자신을 칭찬함으로써 몸과 마음을 채웠기에 회복할 수 있었다고 생각했다.

현재 B씨는 주위 사람들에게 자신의 인생에 기적을 불러온 칭찬의 힘을 전하고 있다. 앞으로 그의 주위에는 분명 행복의 선순환이 시작될 것이다.

뇌는 타인의 험담을
자신의 험담으로 인식한다

우리의 뇌는 인칭을 구분하지 않는다는 사실을 알고 있는가. 이를테면 뇌는 나(1인칭), 너 혹은 당신(2인칭), 그 혹은 그녀(3인칭)라는 주어를 전혀 의식하지 않는다고 한다.

"너는 왜 그 모양이니?"

"그렇게 해선 넌 절대 성공할 수 없어."

이런 부정적인 말을 하면 뇌는 '나는 왜 이 모양일까', '난 절대 성공할 수 없어'라고 믿어버린다.

내가 하는 말을 가장 많이 듣는 것은
바로 나 자신이라는 사실을 기억하자.

스스로 부정적인 믿음을 각인해버리는 것이다. 이것이 바로 말이 가진 영향력이다.

이때 문제가 되는 것이 앞서 설명한 '개선'이다. 좋은 쪽으로 고친다는 의미에서라도 일단 나쁜 점이나 단점에 초점을 둘 수밖에 없다. 다른 사람의 나쁜 점만 보면 뇌는 그 나쁜 점을 자신의 나쁜 점으로 인식한다. 정말 무서운 일이 아닐 수 없다.

하지만 긍정적으로 생각해보자. 어떻게 생각하고, 어떻게 말하느냐에 따라 긍정적인 방향으로 바뀌기도 한다. 예를 들어 "그게 너의 단점이야"라고 말하기보다는 "그건 이렇게 바꾸는 것이 좋지 않을까"라고 말하는 것이 좋다. 또한 "그런 사고방식으로는 절대 안 돼"라고 말하기보다는 "잘되게 하려면 어떻게 생각해야 할까?"라고 말하는 것이 좋다. 아이에게도 "양치질을 하지 않으면 충치가 생겨서 치과에 가야 해"가 아니라 "양치질을 잘하면 치과에 가지 않아도 돼"라고 말해보자.

상대방이나 자신의 행동을 긍정적으로 이끌기 위해

서는 어떤 말을 선택해야 할까. 그런 의식을 갖는 것만
으로도 얼마든지 긍정적인 문구를 생각해낼 수 있다. 고
작 한마디 말이지만, 말의 영향력은 무시할 수 없다. 당
신이 하는 말을 가장 많이 듣는 사람은 다름 아닌 당신
자신임을 잊어서는 안 된다.

균형 있는 관계를 만드는
황금비율

다시 말하지만 칭찬의 반대는 혼내는 것이 아니라 비교
하는 것이다. 하지만 앞서 이야기했듯 혼내는 것도 칭찬
의 마법에 포함된다. 사실 칭찬이든 혼내는 것이든 근저
에는 상대방에 대한 애정이 자리잡고 있다. 다만 감정적
으로 혼내서는 안 된다. 이대로는 안 된다는 생각에, 상
대방을 위해 혼내는 것이 아닌가? 적절한 시기에 감정
이 배제된 말로 이해시킨 다음 후속 조치를 해야 비로소
당신의 말이 상대에게 닿을 수 있다.

- '평소 나를 지켜봐준다.'
- '나의 좋은 점을 이해하고 칭찬해준다.'
- '무엇보다 나에게 관심이 있다.'

이런 안도감을 주는 사람이 하는 말이라면, '다음부터 그런 행동을 하지 않아야겠다'라고 있는 그대로 받아들인다.

아이는 혼이 나면서 선과 악을 판단하고 어른이 되는 데 필요한 상식을 배운다. 회사의 신입사원도 주의를 받으며 다양한 깨달음을 얻고 사회와 조직의 규범을 배운다. 그뿐만이 아니다. 중요한 가르침을 받을 수 있다는 신뢰감도 형성된다. 견고한 신뢰 관계가 전제되어야 혼내는 것도 칭찬으로 받아들일 수 있다.

하지만 요즘은 혼내는 것이 매우 어려운 시대다. 부모에게 혼나지 않고 성장한 사람이 늘고 있다. 학교에서 조금 주의를 주었을 뿐인데, 큰 문제로 번지기도 한다. 기업 현장에서도 엄하게 한마디하면 바로 사직서를 낸다는 이야기가 종종 들린다.

인격을 부정하거나 매도하지 않고 조금 주의를 주었을 뿐인데도 권력형 괴롭힘이라는 말을 듣는 시대다. 그래서인지 학생이나 부하 직원을 조심조심 대하며 거의 혼내지 않는 교사나 상사가 늘고 있다. 나는 혼내는 것도 나쁘지 않다고 생각한다. 물론 이유 없이 혼내서는 안 된다. 상대방을 더 성장시키고 싶다면, 더 좋은 방향으로 나아가기를 바란다면 잘못된 일에는 애정을 담아 따끔하게 혼낼 필요가 있다.

부모라면 아이에게 안 되는 것은 안 된다고 단호하게 말해야 한다. 부하 직원의 성장을 진심으로 바란다면 미움을 받아도 좋다는 각오로 할 말은 해야 한다. 경험상 칭찬과 혼내는 것은 5대 1 정도의 비율이 적당하다. 균형 있는 인간관계를 위해서는 칭찬을 기본으로 하면서 혼낼 일이 있으면 애정을 갖고 따끔하게 혼내는 것도 중요하다.

감정에 휩쓸리지 않는
말의 타이밍

칭찬은 때론 스스로 마법을 걸어 화를 가라앉히기도 한
다. 이번에는 내가 직접 겪은 일을 소개해보려 한다. 세
미나를 앞두고 한창 예민해졌을 때 나와 스태프 사이에
서 생긴 일이다.

세미나를 앞둔 강사는 항상 긴장 상태에 놓인다. 당시
막 강사 일을 시작했던 나는 프레젠테이션용 노트북을
조작하며 시간 배분은 어떻게 할지 온갖 고민으로 머리
가 꽉 차 있었다. 거기에다 수강하는 분들의 반응도 신

경 써야 했고, 그에 따른 내용도 준비해야 했다.

그때 한 스태프가 "선생님, 이거 어떻게 할까요?" 하며 이전에 나에게 빌린 스마트폰 케이블을 돌려주러 왔다. 아마 스태프는 잊어버리기 전에 돌려줘야겠다는 생각을 했을 것이다.

'지금 머릿속이 온통 강연 생각으로 가득한데, 그걸 꼭 지금 물어봐야 해?'

나는 기가 막혀 당장 화를 내고 싶었지만, 잠시 참아보기로 했다. 중요한 세미나를 앞두고 있기 때문이기도 했지만, 평소와는 다른 방식으로 대응해보고 싶다는 생각이 들었다. 그런데 세미나를 무사히 끝내고도 화가 가시지 않았다. 당장 스태프를 불러 나무랄까도 생각했지만 좀 더 기다려보기로 했다. 클라이언트의 회사에서 화를 내는 것도 볼썽사나울뿐더러 역까지 걸어가다 보면 화가 가실지도 모른다고 생각했다.

하지만 역에 도착해서도 화가 가시지 않았다. 그와 동시에 이런 생각이 들었다.

'애써 여기까지 화를 참았는데, 대체 어디까지 참을 수 있을지 시험해볼까?'

이렇게 상황을 게임처럼 생각하자 예상외로 긴 시간 동안 화를 참을 수 있었다.

'지금껏 3일간 화를 참은 적이 없었는데 대단해.'

드디어 일주일이 지났다. 대체 언제까지 지속할 수 있을까. 지금까지만 해도 기록 달성이었다. 이때 나는 잘 참은 나 자신에 대한 칭찬을 잊지 않았다. 나의 인내력에 뿌듯함을 느꼈다. 그리고 어느새 1개월이 훌쩍 지났다. 시간이 꽤 흘렀으나 스태프의 행동은 여전히 나아지지 않았다. 나는 결국 그를 불러 혼내기로 했다.

"지금부터 내가 자네를 혼내야겠어. 1개월 전 ○○사의 세미나 때…."

냉정한 나의 말투에 그는 흠칫하면서도 차분하게 들었다.

"죄송합니다. 100퍼센트 제 잘못입니다."

나는 "그래, 그때 자네도 정신이 없었을 거야. 앞으로 함께 잘해보자" 하며 악수로 마무리했다.

만약 그 당시 감정에 휩쓸려 혼냈더라면, 그도 무심코 반발했을지도 모른다. 들을 준비가 되어 있지 않을 때는 아무리 혼내도 헛일이다. 오히려 역효과가 날 수도 있다. 때로는 게임을 하듯 냉정하게 자신의 화를 관찰하며 말할 타이밍을 가늠하는 것도 의외로 재미있다.

누군가가 싫은 이유는
고작 세 가지뿐

우선 종이 한 장과 펜을 준비하자. 그리고 싫어하는 사람의 싫은 점을 쭉 적어보자.

- '잘난 척한다.'
- '무뚝뚝하다.'
- '항상 시비조다.'

아니, 그것뿐인가? 아직 종이에는 여백이 많다. 생각 나는 대로 뭐든 적어보자.

- '거만하다.'
- '늘 뚱한 표정이다'
- '…'

이런! 벌써 펜이 멈췄는가? 게다가 앞의 표현과 거의 비슷하다. 그렇다. 아무리 싫은 이유를 쓰려고 해도 의외로 손에 꼽을 수 있을 만큼밖에 없다.

지금까지 칭찬을 가르쳐온 나의 경험상, 누군가가 싫은 이유는 대략 세 가지 정도로 압축된다. 게다가 잘 살펴보면 거의 비슷비슷하다. 논리적으로 생각하면 대부분 한 귀로 듣고 한 귀로 흘릴 만큼 작은 단점이다.

누군가를 싫어하는 이유가 고작 이런 정도임을 이해했는가. 그렇다면 당신이 적은 종이는 어떻게 할까? 앞으로도 상대를 싫어하는 이유를 머릿속에 그냥 둘 것인가. 당신을 구속하는 그 종이를 갈기갈기 찢어버리고 홀가분해지면 어떨까?

물론 그렇게 한다고 해서 상대의 싫은 점이 사라지지는 않을 것이다. 하지만 당신의 마음이 상대의 싫은 점만 바라보고 있다면 그것 또한 서로에게 불행한 일이다. 그 부정적인 연쇄의 고리를 끊을 결의를 보여준다는 의미에서도 마음의 족쇄인 그 종이를 갈기갈기 찢어 휴지통에 버려버리자.

누군가와 좋은 관계를 맺고 싶다면, 그 사람의 좋은 점만 보고 칭찬하자. 지금까지 어떤 연유로 그 사람의 나쁜 점만 보고 있었다면, 과거의 나쁜 기억은 말끔히 털어내자. 얽매임을 뜻하는 한자 '인(囚)'은 좁은 상자 안에 사람이 들어가 있는 상태를 나타낸다. 이는 당신의 고민이나 고정관념 그 자체다.

손에 쥐고 있는 종이는 반드시 갈기갈기 찢어버리자. 고정관념에 얽매이지 않는 자유로운 세계로 함께 걸어가자.

타인에게
상냥해지고 싶다면

'칭찬은 용서하는 것이다.'

100년 이상 이어진 크리스천 집안에서 태어난 나는 칭찬의 마법을 생각할 때 항상 이 구절을 떠올린다.

내가 칭찬의 중요성을 깨닫고 공부를 시작하기 전의 일이다. 가톨릭 교의에 관심이 있던 나는 여러 사람에게 "가톨릭의 중심에는 무엇이 있습니까?"라고 질문했다. 그때 들었던 답변 중에 이 말이 가장 기억에 남는다.

"사람을 용서하라."

용서한다는 것은 죄를 사한다는 의미다. 죄를 사한다

는 의미의 한자인 '사(赦)'는 똑같이 용서의 의미가 있는 한자 '허(許)'와 달리 종교적인 무게감이 느껴진다.

《성서》에는 이런 구절이 있다.

> 서로 도와주고 피차에 불평할 일이 있더라도 용서하세요. 주님께서 여러분을 용서하신 것처럼 여러분도 서로 용서해야 합니다.

비난할 일이 있어도 용서해주자. 어떤 종교든 사람을 용서하는 것은 어려운 일이라는 전제가 따른다.

나는 여러분에게 먼저 자신을 용서하라고 말하고 싶다. 여러 가지 일로 고민하고 자신을 비난하는 분에게 더는 자신을 비난하지 말고 놓아주라고 말하고 싶다. 자신을 안아주고 사랑하고 용서해주자. 자신의 마음을 어루만져주자. 열심히 살고 있지 않는 사람은 한 사람도 없을 테니까.

그것이 가능해지면 타인에게도 상냥해진다. 상대방

에게 질투를 느끼거나 의존하려는 마음도 없앨 수 있다. 타인의 과실이나 결점에 사로잡히지 않는 마음을 갖고 그 사람을 용서하는 것도 그리 어려운 일이 아니다. 나는 그렇게 믿는다.

따뜻한 말이
다정한 사람을 만든다

내가 매우 존경하는 이시이 주지 선생은 '아동 복지의 아버지'라 불린다. 그는 처음으로 일본에 아동병원을 건립했다. 사실 그도 칭찬을 받으며 매우 건강하게 자란 인물이다.

선생이 어릴 적 살던 마을에는 가을 축제가 있었다. 경사스러운 날이었기에 마을 사람들 모두 한껏 치장하고 마을 신사로 향했다. 소년 이시이도 어머니가 손수 만들어준 비단 띠를 매고 축제를 즐기러 갔다. 그런데

신사에 도착해보니 자신의 친구가 몇몇 아이에게 둘러
싸여 놀림을 받고 있는 것이 아닌가. 친구가 매고 있던
새끼로 만든 띠가 원인이었다. 다들 깨끗한 옷으로 치장
했지만, 친구는 집이 가난해 새끼로 짠 띠를 맬 수밖에
없었다.

"더러워."

"구린내 나."

모두가 친구에게 이런 말을 쏟아내고 있었다. 그는 용
기를 내서 그 무리 안으로 파고들어갔다. 그리고 그 자리
에서 자신의 비단 띠와 친구의 새끼 띠를 바꿔 맸다. 그
러자 아이들은 당황해하면서 더 이상 아무 말도 하지 않
았다.

그는 자신의 행동이 옳다고 생각했지만, 한 가지 걱정
거리가 생겼다. 친구에게 준 비단 띠는 어머니가 가을
축제를 위해 명주실로 손수 짜서 새로 만들어준 것이었
다. 비단 띠 없이 집으로 돌아가면 어머니는 뭐라고 하
실지 걱정이 되었다.

집에 돌아온 그는 겁을 먹은 채 어머니에게 자신의 사
정을 이야기했다. 그러자 어머니는 그를 칭찬해주었다.

"참 좋은 일을 했구나. 띠는 걱정하지 마. 금방 새로 만들어줄게."

　그의 어머니는 온화하고 사랑이 넘치는 분으로, 평소에도 도움이 필요한 아이가 있으면 자기 자식처럼 자상하게 대하고, 항상 가난한 가정에 도움의 손길을 내밀었다. 이런 어머니의 칭찬을 받으며 자랐기 때문에 가난한 사람, 곤경에 처한 사람을 돕는 데서 기쁨과 보람을 느꼈을 것이다.

　이시이 선생은 1887년에 일본 최초의 고아원을 설립했다. 어머니에게 받은 칭찬이야말로 그가 훗날 아동 복지의 아버지라 불리게 된 근원이 아니었을까. 그는 가난한 아이들을 구제하는 형태로 사회를 바꾸어나갔다. 나는 이런 사례가 늘어나 이 세상이 칭찬으로 넘쳐나는 밝은 세상이 되기를 진심으로 기원한다.

행복 지수를
높이는 비결

당신은 하루에 몇 번이나 칭찬하는가. 상대뿐 아니라 자신에게 한 칭찬을 세어보아도 상관없다. 과연 몇 번이나 칭찬했을까? 10회 이상인 사람도 있을 것이고, 한 차례도 없는 사람도 있을 것이다. 사람에 따라 다르겠지만 이것만은 확실하게 말할 수 있다. 나의 경험상, 사람은 칭찬을 많이 할수록 행복해진다.

일단 내가 추천하는 1일 1칭찬부터 시작해도 좋으니 칭찬하는 습관을 들이자. 그리고 점점 횟수를 늘려나가자. 그러다 보면 어느 순간 1일 5회 정도의 칭찬이 가능해질 것이다. 그때 당신의 행복지수는 거의 100에 가까워지리라 확신한다.

1일 1회도 칭찬한 적이 없는 사람에게 1일 5회의 칭찬은 무척 멀게 느껴질 수도 있지만, 사실 그리 어렵지 않다. 편의점에서 물건을 구매한 뒤 응대해준 점원에게 "고맙습니다"라고 말해보자. 어떤가? 이것으로 1일 1칭찬을 완수했다. 버스를 탈 때 버스 기사에게 감사 인사를 해도 좋다. 일상에서 칭찬할 상황은 얼마든지 있다.

이 책에서 소개한 칭찬 방법을 활용하면 가족이나 동료처럼 항상 곁에 있는 사람들을 하루에도 몇 번씩 칭찬할 수 있다. 칭찬의 말을 들은 상대가 행복해지면 상대도 당신에게 호의를 가지게 되고 행복의 연쇄가 서로에게 이어지게 된다. 그것이 고리처럼 끝없이 선순환을 일으킨다. 당신 주위에 있는 많은 사람과 그런 관계를 구축하면 주변에는 항상 행복한 기운이 넘쳐날 것이다.

그 기운은 사람을 끌어당긴다. 칭찬을 잘하는 사람 주위에는 항상 사람이 모인다. 단 한마디 말을 계기로 인생은 반짝이기 시작한다.

부정적인 말에
흔들리지 않는
삶의 방식

요즘 누군가의 흠을 찾는 기사나 뉴스가 연일 쏟아지고 있다. 그 기사나 뉴스의 사실 여부를 떠나 다른 사람의 흠을 찾는 데만 집착한 나머지 세상에 부정적인 말이 넘쳐나고, 우리의 마음도 부정적인 정보에 쉽게 휘둘린다.

사람들은 마음의 병을 앓고, 아이들은 꿈을 갖지 않게 되었다. 더불어 부부, 부모, 자녀 관계 등의 인간관계로 고민하는 사람이 늘고 있다. 많은 사람이 매스컴이 흘리는 정보를 옳다고 믿으며 필요 이상으로 부정적인 말을 쏟아낸다.

일단 한번 옳다고 믿은 것은 스스로 수정하기가 어려운 법이다. 매스컴에서는 변함없이 부정적인 뉴스가 흘러나오고, 잘 지내고 싶지만 마음처럼 되지 않는 가족이나 직장 상사의 관계도 살아가는 데 필요하다. 게다가 이런 스트레스를 주는 주변 요소들은 쉽게 바뀌지 않는다.

하지만 칭찬 한마디를 통해 주위 환경을 좋게 변화시킬 수는 있다. 자신이나 주변 사람을 칭찬하는 습관이 몸에 배면 어떤 정보가 들어오든 자신의 마음을 다스릴 수 있다. 그러기 위해 자신에게 좋은 질문을 해주고, 주변 사람들의 좋은 점을 찾으려고 노력해보면 어떨까. 이런 사소한 일들이 인생을 바꿔준다.

그리고 꿈을 이루기 위해 자신의 장점을 찾고 행동하자. 자신을 계속 긍정하면 꿈은 반드시 이루어진다.

포기하지 않는 강한 마음이나 행동 습관을 익히는 데는 칭찬이 효과적이다. 모두가 서로에게 칭찬을 아끼지 않는다면 마음의 병을 앓는 사람이나 꿈을 갖지 않는 아이들, 부부, 부모, 자녀 관계 등의 인간관계로 고민하는 사람이 줄어든다. 또한 직원들의 사기가 충전되고 기업의 실적도 올라 꿈을 실현할 수 있어 모두가 빛이 난다.

사람은 원래 서로 좋은 점을 찾아 존중하고 당연한 것에 감사하는 인간관계를 맺어왔다.

'사람은 칭찬받기 위해 태어났다.'

나는 이 생각을 세상에 널리 알리고 싶다.

긍정적인 마인드로 거듭나는
말 습관

- 잠자기 전에 스스로에게 오늘 내가 잘한 일을 들려준다.
- 바로 화를 내지 말고, 적절한 타이밍이 올 때까지 잠시 참는다.
- 자책을 멈추고 열심히 살고 있는 자신을 격려한다.
- 매일 스스로 잘한 일을 칭찬하며 몇 번이나 했는지 세어본다.
- 내가 하는 말을 가장 많이 듣는 것은 나 자신이다.

66

맺는글

행복의 선순환을 만드는 말

감사하게도 세계 곳곳에서 강연할 기회가 늘고 있습니다. 평소 저는 이런 질문을 많이 받습니다.

"해외에서 칭찬에 대해 강연하면 반응이 어떤가요?"

그럴 때면 늘 이렇게 대답합니다.

"어느 나라든 같아요. 모두 환한 미소로 공감하면서 들어줍니다."

칭찬은 누구나 미소 짓게 합니다. 그리고 혼란스러운 세상을 하나로 이어줍니다.

저는 어린이 교육에 이바지하고, 칭찬으로 사람을 키우

는 교육을 전 세계로 넓혀 나가고자 칭찬교육재단을 설립했습니다. '세계 196개국 사람들을 빛나게 하는 것'을 목표로, 제 안의 모든 열정을 이 사업에 쏟아내기로 결심했습니다.

이 책을 읽은 당신 역시 말의 힘을 익히고 칭찬의 마법을 퍼트려 주위를 빛나게 하길 바랍니다. 반짝반짝 빛나는 인생을 살아가길 바랍니다. 신에게 부여받은 메시지를 완수하는 삶을 살아가길 바랍니다. 이 책에 담긴 메시지를 통해 칭찬으로 가득한 행복의 선순환에 들어가길 진심으로 기원합니다.

듣고 싶은 말을 했더니 잘 풀리기 시작했다

초판 1쇄 발행 2020년 6월 12일
초판 2쇄 발행 2020년 7월 1일

지은이 하라 구니오
옮긴이 장은주
펴낸이 김선식

경영총괄 김은영
편집인 박경순
책임편집 김하나리 **책임마케터** 이고은
마케팅본부장 이주화
채널마케팅팀 최혜령, 권장규, 이고은, 박태준, 박지수, 기명리
미디어홍보팀 정명찬, 최두영, 허지호, 김은지, 박재연, 배시영
저작권팀 한승빈, 이시은
경영관리본부 허대우, 하미선, 박상민, 김형준, 윤이경, 권송이, 이소희, 김재경, 최완규, 이우철
일러스트레이션 최광렬

펴낸곳 다산북스 **출판등록** 2005년 12월 23일 제313-2005-00277호
주소 서울시 마포구 양화로 67 나동 302호
전화 070-4150-3186
홈페이지 www.dasanbooks.com
이메일 uyoung@uyoung.kr
종이·인쇄·제본·후가공 ㈜갑우문화사

ISBN 979-11-306-2980-3 [03190]